Ils me voyaient comme une chose

Dominique De Luca

Ils me voyaient comme une chose

ISBN : 979-10-422-0831-8

Avec le soutien littéraire de

Arts & Plume

Christiane DELPHIN-L., conseil en Écriture
pour toute la francophonie,
vous accompagne depuis l'écrit
jusqu'à votre projet d'édition
http ://artiplume.fr ~ artiplume@live.fr

Préface

Lorsqu'on rencontre Dominique pour la première fois, on est tout de suite attiré par son sourire et la douceur de sa voix qui laissent imaginer une timidité pleine de tendresse. Mais, dès qu'on l'aborde d'un peu plus près, on sent, derrière son regard vif, un esprit scrutateur, qui semble lire en soi comme en un livre ouvert. Cette clairvoyance est un peu déstabilisante, au premier abord…

Avançant plus loin, on découvre que dialoguer avec Dominique, c'est comme marcher le long d'une eau claire chantant sur quelques pierres éparses : tout à la fois reposante, ouverte à l'écoute et riche de la mélodie d'un dialogue partagé. Et l'intrigue nous hante : comment une seule personne peut-elle contenir et susciter tant d'émotions ?

Puis vient le moment où les confidences percent, de part et d'autre, la carapace de l'inconnu. Alors on comprend d'où jaillit la source d'une telle sensibilité : Dominique écoute avec ses yeux et de toute la force de son cœur… Chez elle, l'ouïe n'est qu'un outil de plus, trop souvent défaillant, mais pas le premier à capter ce que dit… et surtout, ce que tait son interlocuteur.

Dominique est riche d'un trésor de souffrances qu'elle tait longuement : amassées depuis sa plus tendre enfance, elles l'ont meurtrie et ont buriné son cœur : par elles, il est passé au creuset dont on sort purifié des scories de l'envie et de la jalousie, purifié des faux-semblants et de la médisance, reconnaissant d'être au moins en vie ;

elles l'ont façonnée et ouverte à la douleur des autres, elles ont construit en elle un foyer d'écoute que l'oreille humaine ne peut suffire à meubler....

Mais tout cela a un coût… et quel coût ! Dominique est une résiliente et sa résilience n'est pas sourde à son prochain : c'est en cela que son chemin de croix est exceptionnel : elle aurait pu transformer sa nécessité de se battre pour survivre en rage et en haine contre le genre humain. Au lieu de cela, elle a su faire de sa faiblesse une porte ouverte sur la souffrance des autres, de sa surdité particulièrement terrible, une oreille attentive à leurs maux et des maltraitances qui ont alimenté ses jours d'enfant, une nourriture apaisante et douce au palais des miséreux.

De ce parcours dont l'évocation est parfois à la limite du soutenable, c'est une leçon de vie que nous tirons, une leçon d'humilité et de courage qui, toujours, nous invite à regarder plus loin vers notre prochain… et plus haut vers le ciel. C'est un livre qu'il fallait écrire ! Et même si, parfois, la colère sourd entre les pages, ce sont ces leçons, ces réflexions qu'elle nous invite à poursuivre, pour nous-mêmes, et au cœur de notre être intérieur, qu'il nous faut retenir.

Merci Dominique, de m'avoir ouvert tes jardins secrets, de m'avoir permis d'y poser le pied et la plume à tes côtés. Ces promenades dans ton univers t'ont rendue précieuse à mon cœur.

Christiane Delphin-L.

À l'image de ce chirurgien que Dominique a affronté à de multiples reprises dès l'âge de quatre ans, jamais nos sociétés occidentales avides de performances et de réussites n'ont autant cherché à fuir la fragilité sous toutes ses formes.

Souvent « mal-entendue » par les divers membres de notre communauté de chrétiens, elle a surpassé sa pudeur vis-à-vis de son entourage et saisi sa plume pour questionner nos incapacités à écouter l'autre dans ce qu'il vit, dans ses attentes et ses besoins.

Comment imaginer une telle histoire de vie derrière ses sourires et sa douceur ? Au bénéfice d'une autre grammaire – *Je n'ai pas appris qu'à lire et compter pendant mes premières années, dit-elle ; je sais aussi écouter les silences avec mes yeux et regarder un être humain avec mon cœur !* –, Dominique nous invite à tendre l'oreille ou plutôt à ouvrir nos cœurs et accueillir sans complaisance ni angélisme nos fragilités invisibles, dans ce qu'elles recèlent de richesse, de fécondité. Merci à elle pour ce choix lucide, courageux et porteur d'espérance.

Depuis qu'elle est entrée dans notre chorale, puis dans notre église, j'ai vu comment le courage de sa foi nourrit son acceptation et comment, au fil du temps, elle y a développé son endurance pour avancer : le courage d'être, de tenir ferme, d'interpeller plutôt que de haïr. Il se teinte, avant tout, d'attention à Dieu, laquelle ne signifie pas pour autant assurance facile : constamment en alerte, elle a appris à se nourrir des signes de la fidélité de son créateur, de sa présence, de son soutien, au cœur de ce qu'elle vit. La sérénité qu'elle y trouve a plutôt à voir avec des racines plantées profondément en Christ qu'avec des circonstances extérieures favorables.

C'est ainsi que le fil de l'espérance, qui donne du cœur et de la force, se tisse et s'enrichit, se casse parfois, mais se reprend, enraciné dans la foi et éclairé dans l'amour.

Pour Dominique, ces « poignées de courage » au quotidien, ne font pas beaucoup de bruit, ne brillent pas dans des actions ou des déclarations d'éclat. Mais c'est à ce courage-là qu'elle nous appelle. C'est lui aussi qui fait, un peu plus, chanter sa vie, lui donnant l'élan d'une espérance, la joie de voir que ce que l'on fait a parfois du bon.

Car le courage de la foi n'est pas simplement une volonté qui tient, envers et contre tout dans la froideur du jour. Il est avant tout, une flamme qui, de l'intérieur, réchauffe et anime, un chant qui met en joie, parfois un feu qui embrase…

À nous d'entendre son invitation à l'Espérance,

Claude-Henry Gobat,
Pasteur de l'église Evangéliste Baptiste de Bienne,
Président de l'Association Évangélique des
Églises Baptistes de Langue Française (AEEBLF)

Ils me voyaient comme un cobaye
Sur lequel ils pouvaient faire
Toutes les expériences qu'ils voulaient.

Je veux leur montrer
Que je suis bien une personne,
Que je suis importante !

Mon rêve est que ce texte
Aide à prendre conscience
À quel point ils étaient cruels,

Ceux qui utilisèrent mon corps
Pour en faire une chose
Sans esprit et sans âme.

Dominique

Avant-propos

Je n'ai pas envie d'écrire un mélodrame ;
ce n'est pas mon but...

Dominique De Luca

Aujourd'hui j'écris depuis mon appartement, dont je suis propriétaire, dans la ville que j'ai choisie comme terre d'accueil. Et j'ai deux enfants géniaux que j'adore. J'ai travaillé toute ma vie dans le domaine des soins aux personnes. Mais actuellement, ce dont je suis sans doute le plus fière, c'est d'avoir eu la force d'affronter mes démons en allant au bout de ce texte.

J'atteste que tout ce que j'ai écrit ici est véridique, aussi terrible que cela puisse paraître. Que rien n'a été ajouté à ce que les hommes m'ont fait. Je suis conteuse par nature et cependant la première étonnée devant l'effet de ce récit sur mon cerveau. Alors que je me plonge dans le passé, l'écriture me permet d'être précise sur mes souvenirs et mes ressentis. Une porte après l'autre, elle ouvre un monde sur mon âme d'enfant et fait parfois, heureusement, remonter à la surface quelques rayons de soleil. Mais surtout des vérités bien tristes, abandonnées çà et là comme un bagage que j'aurais lesté, puis camouflé au hasard des chemins dont le souvenir inconscient ronge mes os en silence, étouffant une part de ma spontanéité.

Parce qu'elle les aide à s'évader d'un monde bien trop cruel pour leur épanouissement, l'imagination est sans aucun doute une compagne de choix pour les enfants maltraités. Dans mon dénuement et ma solitude, elle fut assurément, ma seule véritable amie et mon unique moyen de résilience pour ne pas sombrer dans la folie. J'étais seule, oui, mais capable de rêver ! Et le soir, lorsque je m'endormais, j'avais autant de papas que Rusty, toujours suivi de son chien Rintintin, avait de soldats protecteurs autour de lui.[1]

Coupant les victimes en deux, la pensée créative éloigne l'esprit du corps, l'enfant de la réalité du monde. Alors, une fois adulte, pas étonnant qu'il nous soit si difficile de rassembler les morceaux ! Et je mentirais si je n'avouais pas ma fatigue devant la souffrance du monde et la vie en général.

Parfois, j'aimerais être à nouveau capable de voyager dans mon imaginaire d'enfant. Mais, ironie du sort, si cette faculté m'aidait à fuir, adoucissant mes souffrances psychiques et physiques, de nombreuses personnes préjugeaient l'affabulation dès que je commençais à raconter mon histoire. Il est vrai que mon enfance ressemble un peu à un roman de Victor Hugo ou de Dickens. En de tels cas, comment pouvaient-elles faire la différence entre la fiction sortie de mon esprit et la réalité ? Même des pasteurs ont douté, sont tombés dans ce piège et m'ont jugée menteuse.

Captant leurs préjugés, j'ai simplement appris à me taire, à garder secrètes ces vérités que j'avais déjà tellement de peine à exprimer. J'ai préféré m'évader, une fois de plus. Imaginant de belles aventures que je peuplais de magnifiques chevaux, j'entraînais mes lecteurs dans de grands espaces garnis d'air et de soleil. Mais aujourd'hui, alors que j'entre dans l'honorable rang des sexagénaires, j'ai soudain beaucoup de peine à m'éloigner de mes réalités. Plus vives que les étalons de

[1]. Voir note au chapitre 14.

mes romans, elles semblent rattraper au galop les pensées qui m'habitent.

Alors, même si les rêves ne sont pas interdits, autant affronter la vérité une fois pour toutes et la raconter. Cependant, je n'ai pas envie d'écrire un mélodrame. Ce n'est pas mon but. Ces mots servent uniquement à affirmer qu'il est foncièrement important de respecter l'intégrité de nos enfants.

J'écris pour réveiller un monde dont j'aurais pourtant préféré ignorer l'existence. Peut-être aussi pour laisser, non sans une certaine pudeur, un héritage derrière moi. Être lue n'est pas primordial, même si aider les autres dans leur peine est un acte naturel pour moi. Au point que je me suis demandé pourquoi ne pas intégrer, dans mon action, ces êtres humains qui ne peuvent ou ne savent utiliser les mots, afin d'exprimer leurs émotions. Mais surtout, je désire témoigner… et impliquer dans cet acte tous les professionnels de la santé concernés par la souffrance de leurs patients et ses répercussions. Et si mes talents de conteuse peuvent ajouter à ce texte un peu de relief, cela n'en sera que plus agréable, plus digeste aussi…

Rédiger une lettre, ce n'est pas difficile. C'est comme entreprendre une excursion. Les montres sont arrêtées, le temps est beau, calme surtout. Sans cette quiétude, nous ne commencerions pas notre aventure. Les premiers kilomètres nous inspirent, heureux que nous sommes de pouvoir respirer librement, admiratifs devant chaque merveille offerte à nos sens. Le souffle du vent, la chaleur du soleil titillent notre peau. L'odeur d'un arbre en fleurs ou d'un bon pain embaume l'air. Le chant d'un oiseau, un train qui passe au loin, déclenchent un agréable bruit de fond, alors que notre vue profite du calme environnant pour capter tant de souvenirs que nous ne saurions les compter.

Mais en progressant au long de notre parcours, nous découvrons parfois des passages inattendus, non balisés, où nous risquons de perdre notre équilibre, voire, notre objectif. Des chemins caillouteux maltraitent nos chevilles. Notre sac à dos, contenant tous nos indispensables, pèse de plus en plus lourd. Sans oublier les ampoules aux talons, qui risquent de nous blesser, à cause d'une paire de souliers restée trop longtemps au placard.

Il paraît qu'une fois la bicyclette apprivoisée, nous n'oublions jamais l'équilibre ni la vitesse nécessaire pour faire avancer cet engin sans chuter. Si, aujourd'hui, j'ai acquis plus de sagesse et de connaissance de la vie qu'à 30 ou 40 ans, j'ignore si un tel adage est valable pour l'écriture. Aurai-je la force d'écrire ce que je ne dis pas, sur ce qui n'aurait jamais dû être ? J'ignore si les mots seront capables de trouver leur place et leur juste valeur, après tant d'années sans tenir une plume, sans pouvoir les faire chanter. Sauront-ils clarifier une pensée si longtemps restée dans le silence, prisonnière des profondeurs de mon âme comme d'une grotte ténébreuse, qui empêche la vie d'émerger vers la lumière et qui, étouffant la vérité, permettrait au mensonge et à l'ignorance de prédominer sur ma destinée ?

Enfin, j'ignore s'il me reste suffisamment de mémoire, de foi et de temps pour arriver au bout de ce voyage. Sans carte ni aide de l'extérieur, suis-je encore capable de faire confiance à mon sens de l'orientation dans une telle aventure ?

Au commencement de mon projet, une soudaine colère m'a incitée à rédiger les derniers chapitres de ce texte, me donnant envie d'exorciser mes souvenirs avec la rage d'un boxeur, nommant des coupables, mais sans pour autant donner de détails. Puis j'ai réalisé que personne ne saurait de quoi je parlais si ma mémoire consciente était incapable de remonter tous ces détails à la surface, si elle refusait de se souvenir pour me protéger, pour ne pas souffrir encore et encore.

J'avais rédigé des chapitres qui me permettaient d'éviter la vérité dans sa plus tragique réalité. Sans l'aborder de front, à l'abri des émotions pures et destructives. J'avais émis des déductions intellectuelles, presque mathématiques, sur les raisons et effets secondaires. Pendant toutes ces années, j'avais construit un mur de protection, un silence respectueux pour limiter mes souffrances. Cela équivaut presque à vivre dans un mensonge qui arrange tout le monde : moi, mes bourreaux, mon entourage, la caisse invalidité, l'Ennemi de mon âme… et le reste de l'Univers !

Mais depuis, j'ai appris à mes dépens que pour chasser des démons, comme pour chasser des rats, il faut avant tout les débusquer. Pire que ça : pour les empêcher de faire des nids dans nos cheveux, il faut oser les regarder dans les yeux, de la même manière qu'une victime doit affronter ses agresseurs dans un tribunal ! Je sais aussi que ces chemins-là sont abrupts et épuisants et que je ne suis ni équipée, ni entraînée pour la haute montagne. Et je le sais, il faut du temps, mais également un matériel adéquat pour la gravir, un pas après l'autre, un mot après l'autre…

L'écriture est un plaisir pour moi, cependant je n'ai aucune formation. Alors, faire courir ma plume sans réfléchir, puis me relire et me corriger, faire tourner les pages de ce cahier en refusant de reculer deviennent des actes instinctifs. Sécher mes larmes, puis avoir envie de pleurer encore, de hurler même, de plaisanter aussi, de m'offrir un peu de douceur malgré tout, puis d'avancer, quoi qu'il arrive vers la lumière, deviennent des actes d'espérance. Et, plus que tout, écrire déclenche le sentiment étrange de faire mon devoir, tout en mettant un peu d'ordre et de place dans mon esprit.

Après avoir accompagné tant de personnes dans leurs derniers instants de vie, j'ajouterais : « dans l'espoir de mourir en paix ! ». Car je ne désire pas m'en aller dans une agitation provoquée par le manque de pardon ou par le sentiment d'avoir été une victime silencieuse, ma vie durant.

Ce que je sais pourtant avec certitude, c'est que mon écrit ne réveillera pas nécessairement la conscience de ceux qui abusent des plus faibles ni celle des personnes qui pourraient y changer quelque chose, mais préfèrent l'indifférence, car elle leur garantit un petit confort personnel ! J'espère cependant que ce texte saura attiser les scrupules de certains d'entre eux ; qu'un jour, le monde médical et celui d'institutions comme la caisse invalidité arrêteront de prendre des décisions en volant l'âme des plus fragiles pour la vendre au diable.

Cette image est forte, je le sais. Parler « d'effets plus ou moins négatifs » serait plus esthétique. Malheureusement, ce ne sont pas des chenilles grandissantes et prometteuses de splendides papillons que ces actes fécondent au fond de leurs victimes, mais bien des monstres velus à tentacules dévorants qui ont le pouvoir de les maltraiter durant leur vie entière.

Finalement, j'espère que mon parcours d'ancienne combattante, truffé de larmes et d'imperfections, de courage et de traumatismes, servira un jour. Car restent tous ceux qui souffrent encore de tortures inavouées et parfois inavouables, vécues dans l'innocence de leur âme, quelle que soit l'origine de leurs supplices ! Alors non, je ne me tairai plus ! Même s'il me faut un sacré courage pour affronter mes fantômes et donner à ma parole son énergie de libération.

Pour qu'au moins une personne se sente enfin comprise et, par-là, moins isolée dans sa propre expérience de vie.

Dominique

Partie 1

Ils sont trop peu nombreux,
ceux qui ont compris
mon handicap
et la couleur de mon âme.

Dominique De Luca

Chapitre 1

Le véritable héroïsme consiste
à devenir supérieur aux maux de la vie.

Napoléon Bonaparte

C'était une salle d'attente comme toutes les autres, en ces années 1960. Je me souviens que le sol était recouvert d'une moquette délavée par le temps et les nombreux passages. Des chaises rembourrées – *un luxe pour cette époque !* – étaient alignées le long des murs et une table basse à trois pieds avait été placée au milieu de la pièce. Au fond, une fenêtre camouflée par un rideau qui n'empêchait pas la lumière d'entrer. Contre les murs, aucun tableau dont je puisse me souvenir. Pourtant, pendant cinq longues années, je m'y suis assise à maintes reprises dans cette horrible salle d'attente ! Moi qui aime tant les couleurs, les belles photos et les beaux dessins, j'en déduis que le maître des lieux avait d'autres pôles d'intérêt. À moins que la peur, rongeant mon esprit sans que personne ne s'en soit jamais aperçu, n'ait masqué tous ces détails. Je me souviens bien davantage de mes petites jambes se balançant en bas de la chaise où Maman m'avait fait asseoir ; je me souviens de mes souliers vernis et de mes chaussettes à petits trous tricotées à la main. Car, malgré mes cicatrices et mes pansements, je refusais de porter des pantalons. Je voulais rester en jupe… comme elle.

Il y avait une atmosphère particulière, comme une certaine tristesse dans cette pièce. Je ne me souviens pas qu'il y ait eu des magazines sur la table. Ce n'était apparemment pas nécessaire, car les personnes présentes faisaient passer le temps en discutant de tout et de rien. Dans ma région, il n'était pas nécessaire de se connaître pour échanger ; on parlait volontiers avec un inconnu. Quant aux jeux pour les enfants, on n'y pensait même pas ! C'était un peu comme si tous les humains avaient été coupés en deux, une fois la puberté arrivée. Comme s'ils avaient perdu leur mémoire d'enfant et, du même coup, la notion des besoins légitimes d'une vie avant l'âge adulte… Ainsi ignorait-on le fait que des enfants pouvaient se morfondre et perdre patience.

J'avais 4 ans la première fois, 9 ou 10 ans la dernière fois que j'entrai dans cette salle d'attente. Durant mes dernières visites, j'étais déjà une grande fille qui pouvait lire et relire des dizaines de fois les aventures de Martine et de son chien Patapouf, alors que mes pieds touchaient enfin la moquette.

Mais avant cela, comment faisait ma maman pour m'occuper pendant que nous attendions notre tour ?

D'ailleurs, ce dont je me souviens très clairement, c'est que je n'ai jamais vu d'autres enfants en ce lieu. Il n'y avait que des adultes, comme ma maman, assis sur les chaises. Et si ces patients avaient aussi besoin du médecin, aucun d'entre eux ne connaissait mes tourments. Leurs problèmes étaient visiblement plus discrets que le mien, car pas un seul n'avait de pansements aussi gros que ceux empaquetant ma tête. Après mes opérations je ressemblais à un Touareg, les couleurs et surtout la fierté en moins. Dans tous les cas, je ne risquais pas de passer inaperçue. Pour ma part, je n'ai jamais vu personne avec une tête enrubannée comme la mienne, personne à qui on criait sur le chemin de l'école :

— *Oreille d'éléphant, oreille d'éléphant !*

Tandis que d'autres, parmi mes camarades, allaient même jusqu'à courir après moi pour me frapper, en se moquant de mon *« bonnet »* fait de bandages. Je suis sûre aussi que personne ne se déplaçait dans les villes de Lausanne et d'Yverdon en traînant derrière soi les odeurs de putréfaction qui imprégnaient leurs pansements, comme ça l'était pour moi. Eh oui, couronnées d'échecs, les tentatives répétées de greffes, en vue de me façonner une oreille sur mon côté droit, *« moisissaient »* les unes après les autres.

Alors que la porte de la salle d'attente s'ouvrait pour la Xième fois et que mon tour arrivait, Maman me prenait par la main pour me conduire auprès de mon bourreau. De celui qu'elle considérait un peu comme un héros, celui par qui l'espoir survenait.

« Quand mon tour arrivait... » : cette petite phrase provoque encore des crampes au fond de ma gorge, jusque dans mes intestins. La blouse blanche du médecin, l'uniforme de la toute-puissance dont le souvenir, à lui seul, réussit encore à provoquer méfiance et panique dans mon esprit était à mes yeux d'enfant, bien plus salissant, mais tout aussi dangereux que celui d'un général ! Pour ma part, bien droite dans mes petits souliers vernis devant ces adultes qui pensaient avoir des droits sur ma vie et mon corps, j'étais sage comme une image. Car on m'avait dressée à être comme un agneau, innocente et sans défense !

À dire vrai, c'est bien la première fois de ma vie que je repense à tous ces détails et que j'en parle. Lorsque je relis ces quelques pages, mes yeux se remplissent involontairement de larmes. Je pleure.

Alors pourquoi est-ce que j'écris ? Par honnêteté je pense, devant ces souffrances qui vivent, cachées au fond de mon âme.

Cependant, je n'arriverai jamais à définir le courage des enfants devant l'adversité. À moins que cela ne soit un consentement résigné, quelles que soient les monstruosités que la vie leur impose. Mais à 4 ou 5 ans, comment se révolter ? En particulier lorsqu'on a appris à être sage, pour faire plaisir à sa maman. Malgré le stress de ma situation, malgré mes regards suppliants, comme des appels à l'aide, elle souriait, faisait du charme au médecin. Sans me demander mon avis, elle semblait persuadée, au moins pendant les premières années, que toutes ces opérations étaient pour mon bien. Pourquoi aurait-elle douté de la sagesse de tous ces professionnels, de tous ces hommes qui faisaient office d'autorité ?

C'était compter sans le cri muet de mon propre corps, rejetant inconsciemment toutes les greffes que le chirurgien tentait sur ma pauvre tête.

Chapitre 2

Je te loue de ce que je suis une créature si merveilleuse.
Tes œuvres sont admirables et mon âme le reconnaît bien.

Psaume de David -139 : 14

Je suis venue au monde avec le syndrome de Goldenhar, c'est-à-dire avec une seule oreille, la gauche. Cela signifie que je n'ai pas d'oreille externe : le côté droit de mon visage, qui devrait accueillir mon ouïe est aussi lisse que ma joue. Je suis également privée de l'oreille moyenne : nul conduit auditif, nul osselet au nom étrange rappelant les outils du forgeron, le marteau, l'enclume et l'étrier ne vient faire vibrer mon tympan. Alors, puisque le Grand Forgeron semblait avoir oublié mon oreille droite dans sa poche, des humains, forts de leur science, décidèrent de m'en fabriquer une, à partir de lambeaux de peaux qu'ils prélevèrent sur mes cuisses, pour tenter de les greffer à l'endroit voulu.

Un jour, mon médecin alla jusqu'à greffer un morceau de chair sur mon front, à proximité de ma tempe droite. Même si, curieuse de nature j'aime comprendre ce qui se passe dans le monde, aujourd'hui encore, je suis émotionnellement incapable d'effectuer des recherches qui m'expliqueraient ce processus. J'imagine, et certainement pas à tort, qu'il ressemble de près ou de loin aux techniques utilisées dans l'arboriculture : quelqu'un fait une entaille dans le tronc d'un arbre fruitier et y installe une bouture d'un autre végétal, espérant que celle-ci prenne racine et se développe pour donner une nouvelle plante, née de l'ancienne. Grâce à ce procédé, nous pouvons obtenir deux sortes de poires ou de pommes sur le même arbre.

Seulement, cette fois le greffon devait servir à la construction de mon oreille externe, ce pavillon auriculaire que les hommes essayaient de réaliser ! Les lambeaux de peaux arrachés de mes cuisses avaient de la peine à prendre. Alors ils en firent *une culture »* sur mon front ! Et tant pis si les stigmates que j'additionnais me valaient l'écœurement sans filtre des filles de mon quartier, qui ne se gênaient pas pour colporter des :

— *Beurk, c'est dégueulasse !*

Combien de fois ai-je entendu cette expression pendant mes premières années d'école ? Combien de regards se sont détournés de moi ? Et à l'adolescence, combien d'autres furent insistants, voyeurs ? Oh, je n'espérais pas que l'on me trouve jolie ; je n'étais pas orgueilleuse à ce point. Mais j'aurais préféré mille fois passer inaperçue, plutôt qu'attirer ainsi les regards sur mes cicatrices. Du coup, j'en arriverais presque à envier les femmes musulmanes en burkini… même si je sais qu'il y a d'autres choses, bien moins glorieuses que la pudeur, derrière cette mode vestimentaire. Mais, plus encore, je m'interroge :

— *Que se passait-il dans la tête des adultes, pendant toutes ces années ?*

— *Y avait-il au moins une personne charitable pour songer aux conséquences de leurs actes sur moi ? Ou pensaient-ils réellement que cette oreille en devenir méritait tous les sacrifices de ma part ?*

— *Ne savaient-ils pas que le corps d'une petite fille est une merveille à conserver pure ? Ne pensaient-ils pas que j'allais un jour devenir une femme, une amante ?*

— *Cette oreille était-elle à ce point essentielle ? Plus que tout le reste ?*

Mes cicatrices n'avaient aucune importance pour eux. À travers le regard de ces sommités médicales, la vie m'a enseigné que mon corps était répugnant, qu'il ne méritait pas autre chose que le rejet et le dégoût ! J'entendais rire ces démons, dans le silence de mon âme, alors que je pleurais. Et rien ne pouvait me consoler, car je savais qu'ils avaient gagné la partie. D'autant plus que l'initiative du monde médical fonctionna à merveille : un morceau de chair humaine germa puis se développa sur le bord de mon visage pour devenir aussi gros qu'un index d'adulte. Une fois la taille désirée obtenue, le médecin coupa son greffon pour le coudre dix centimètres plus loin, là où il essayait de sculpter une oreille. Rien de plus élémentaire, pourrait-on me dire !

Et il a tenu ! Il est encore là aujourd'hui, tel qu'on me l'a greffé en 1967 ou 68, comment pourrais-je me rappeler de toutes ces dates ? Les cicatrices laissées par ce greffon aussi d'ailleurs, bien visibles et source de tant de maux imperceptibles !

Aidez-moi, vous qui regardez chaque matin dans votre miroir un visage sans cicatrice ! Que diriez-vous, que feriez-vous, comment réagiriez-vous à ma place si vous étiez passés, comme moi, du statut d'adorable petite fille innocente et libre à celui d'un animal marqué au fer rouge ?

— *No comment…*

Il paraît qu'aujourd'hui, un nombre incalculable de jeunes femmes passe par la chirurgie esthétique pour *« améliorer leur apparence »*. Pourquoi ne pas commencer la journée en disant tout simplement, merci ?

— *Merci au « Grand Tout » de m'avoir donné la vie avec toutes les options : deux yeux, deux oreilles, un nez ainsi qu'un chaleureux sourire dont la beauté sait si bien refléter mon cœur.*

Malheureusement pour moi, la nature a aussi accepté que je vienne au monde avec un grain de beauté, de la taille d'un petit abricot, au centre de ma joue droite : une marque déposée par le doigt de Dieu, comme j'aime à le dire. À moins que Satan n'ait voulu me transformer en cible pour ses flèches ?

Un chirurgien me le retira alors que j'avais à peine 18 mois. Pour cette opération, qui risquait d'abîmer mon nerf facial, il a fallu découper une profonde entaille en forme de croissant, partant de ma tempe jusqu'à mon os maxillaire, puis suturer en recousant très minutieusement. J'ignore qui a pratiqué cette opération, mais tous les médecins que j'ai rencontrés depuis ce jour m'ont affirmé que ce chirurgien avait réalisé un travail d'artiste ! Au point qu'aujourd'hui, la marque de ce *« doigt divin »* ne sort de son anonymat que lorsque le temps vire à la tempête de neige ou subit un autre dérèglement. Ces jours-là, où ma joue devient baromètre, chaque point de cette suture creuse de fines excavations sur ma peau. Néanmoins, cette cicatrice est depuis si longtemps présente dans ma vie, qu'elle n'existe pour ainsi dire pas dans mon esprit.

Bien que mon entourage m'ait souvent rassurée en m'affirmant ne pas la voir alors que je ne demandais rien, ces braves gens ont mis des braises sur le feu, sans le vouloir. Ce sont de petits évènements sans grande importance, parfois simplement provoqués par un geste de tendresse. Pourtant, ils sont restés dans ma mémoire, tels des facteurs de démarquage. Ainsi en fut-il de cette rencontre étonnante, alors que je devais avoir 18 ans et que j'effectuais un stage dans un hôpital neuchâtelois. Je faisais la queue au self-service pour mon repas de midi lorsqu'une personne inconnue m'interpella :

— *Dominique ? Tu es bien la petite Dominique qui habitait à la rue Léon Jaquier à Yverdon ?*

Je l'ai regardée avec étonnement. Cela faisait 8 ans que je n'habitais plus là-bas :

— *Oui, c'est moi ? Et vous, qui êtes-vous ?*

La dame, qui devait avoir 10 ans de plus que moi, me donna son nom et ajouta :

— *Mais tu ne dois pas te souvenir de moi. J'habitais dans la maison en face de chez vous. Moi, par contre, je me rappelle bien de toi et de toutes les opérations que tu as subies. C'est grâce à ta cicatrice que je t'ai reconnue,* proclama-t-elle, toute fière de sa perspicacité !

Cette dame était sincèrement ravie de me revoir. Mais pas moi, non, pas comme ça ! Pas avec ce handicap et ces stigmates qui me marginalisaient ! Ce jour-là, j'ai compris deux choses importantes :

— *Ma carte d'identité est inscrite sur mon visage et personne ne pourra jamais se faire passer pour moi.*

— *Cette double réalité ne m'a apporté aucun réconfort.*

Et comment pourrais-je oublier que des adultes ont reculé devant mon regard d'enfant, au moment de me faire la bise, ou que ma mère, arrêtant parfois ses occupations s'exclamait, certes avec compassion, mais toujours devant témoins, peut-être pour chercher leur pardon :

— *C'est fou ce qu'on voit ta cicatrice aujourd'hui !*

Que dire ? Que pouvais-je répondre à cela ? Que j'aurais préféré l'entendre me dire, ne fût-ce qu'une seule fois :

— *Le courage que tu as à avancer dans la vie malgré et contre tout est prodigieux ! Je suis vraiment fière de toi !*

C'était trop espérer ! Alors, je me contentais de baisser la tête devant ceux qui cherchaient à voir, eux aussi, cette cicatrice. Et si, par malheur, les paroles de ma mère survenaient dans un instant de rire, toute envie de manifester ma joie s'envolait d'un seul coup, comme par magie.

En vérité, je me suis souvent demandé ce que ma mère taisait au travers de ces mots ? Sa culpabilité ? Son empathie ? Autre chose que je n'aurais jamais compris ? Comme le soulagement de ne pas avoir, elle aussi, des cicatrices ? Ce qui est certain, c'est que ces jours-là, dans mon silence presque autiste, je me sentais dévisagée comme une bête de foire. Mon innocence, le sentiment de faire partie de l'univers à parts égales avec tous les autres, ceux qui n'avaient pas de handicap ni de cicatrice, m'étaient arrachés d'un seul coup :

— *C'est fou ce qu'on voit ta cicatrice aujourd'hui !*

Mes propres enfants ont entendu cette petite phrase assassine… qui ne voulait pas l'être.

Chapitre 3

On lui amena aussi les petits enfants,
afin qu'il les touchât.
Mais les disciples, voyant cela,
reprenaient ceux qui les amenaient.

Luc 18 : 15

Mes séjours à l'hôpital commençaient toujours par le même rituel : la veille de mes opérations, Maman me conduisait jusqu'à la capitale de notre canton d'origine. Nous nous y rendions en train, car, dans notre famille, seule sa sœur aînée, qui travaillait comme secrétaire, possédait un véhicule.

Arrivées à Lausanne, nous déposions mon ours et un petit lapin gris en peluche sur le lit qui m'était désigné. Puis nous allions nous promener dans les corridors de l'hôpital. Les infirmières savaient que j'étais revenue en découvrant mes compagnons de peluche, lesquels attendaient sagement sur mon lit que j'aie terminé mon exploration pour les rejoindre. Le lapin était un bon copain, certes, mais j'aimais particulièrement mon ours. Avec mes livres d'enfants, mon petit compagnon d'infortune fut le seul à réchauffer mon cœur alors que j'affrontais une armée entière de blouses blanches, le seul qui, pendant mon enfance, ne se soit pas moqué de moi et de mes cicatrices. Il m'apportait un peu de réconfort et par-là même, un sentiment de sécurité. Et tout au long des souffrances inutiles que ces adultes respectables m'administraient, cet inséparable jouet de peluche était toujours là, de même que le soir, à la maison, lorsque je me sentais seule ou que je m'endormais. Il est resté avec moi jusque dans ma vie d'adulte, emmagasinant tous mes sentiments de tristesse, d'abandon, d'injustice. Tous les amis de mon adolescence, puis de jeune femme le connaissaient. Avait-il une âme ? Assurément, car, à force d'écouter mes silences, cette peluche brun-jaune remplie de paille jouait un rôle bien moins conventionnel que les doudous utilisés parfois par les parents pour aider leur progéniture à s'endormir. Dans tous les cas, il en savait davantage sur mes peines que ma propre mère ; ça, c'est certain !

Ce petit animal usé, à qui il manquait un œil jamais recousu, fut ma seule bouée de secours dans ce monde inventé par les adultes. Et, si grâce à lui je me sentis moins seule, il restait un problème : mon ours ne m'a jamais enseigné à vivre avec des pairs qui pensaient et voyaient la vie autrement que moi… et nul ne le fit à sa place. Mais en est-il responsable ? Non, il ne l'était pas plus que moi ! Et puisque mon père n'était plus à la maison, mon petit ours a même réussi à influencer mon imagination dans ce que les adultes nomment savamment le complexe d'Œdipe.

De retour dans ma chambre, les infirmières m'aidaient à échanger mes vêtements contre une chemise d'hôpital, froide, blanche, ouverte dans le dos et à l'odeur désagréable, tellement loin de la lavande ou du muguet. Du coup je me retrouvais devant elles, nue et vulnérable… d'autant plus que je devais aussi enlever ma culotte, ce qui me gênait énormément. Et pour une raison qui m'a toujours semblé biscornue alors que mes fesses étaient à l'air libre, je devais cacher mes pieds dans des « bottes » de tissu, aussi froides que leur chemise : pas logique pour une enfant de 4, 5 ou 6 ans ! Les adultes ont vraiment des mœurs étranges !

Il n'y avait rien de rassurant dans tout cela. Bien sûr, je ne parle pas de toutes les opérations qui servent à quelque chose d'utile, sauvant des vies, soulageant la douleur, réparant ce qui est cassé ou usé. Ce n'était pas mon cas, loin de là !

La veille de chaque opération, je prenais mon dernier vrai repas à midi. Le soir, je recevais invariablement la même pitance : une soupe à la farine blanche accompagnée d'un petit bol de marmelade de pommes. Le repas du condamné, devrais-je dire ! Ce menu sans étoile me donne encore aujourd'hui des envies de vomir. Du coup, à cause de cette soupe infecte, je n'aime plus la compote de pommes ! Pourtant, tous les enfants du monde apprécient ce plat. Mais il est bien trop chargé d'émotions négatives pour moi.

Dieu sait que je n'étais pourtant pas difficile avec la nourriture ! Ce qui explique sans doute que je n'aie pas d'autres souvenirs liés à mes repas servis à l'hôpital… Mis à part le cacao que je recevais matin et soir ! Les premières années, il était servi dans une simple tasse, puis dans des pots en métal conservant la chaleur. La boisson préparée en cuisine était bien trop sucrée à mon goût. Je n'avais pas l'habitude de boire ou de manger autant de chocolat ! Et pas moyen d'avoir autre chose, que ce fût du lait blanc ou du thé. Toutefois ce breuvage avait au moins l'avantage d'être nourrissant ! Cela devait bien être son unique raison d'exister !

Lorsque j'ai commencé l'école obligatoire à Yverdon, tous les élèves recevaient des bons pour acheter un chocolat chaud ou un berlingot de lait froid pendant la grande récréation. C'était une joie partagée que de voir le laitier arriver jusque dans la cour avec sa camionnette. Mais à l'hôpital, l'ambiance n'y était pas. Et leur mixture était vraiment… beurk ! Seule, loin de chez moi, je n'avais pas envie de manger. Je peux facilement imaginer que l'angoisse, montant en silence dans mes tripes, n'était pas là pour m'ouvrir l'appétit. Qu'elle finissait par prendre toute la place dans mon petit ventre, comme dans ma poitrine. Alors je ne mangeais pas. Mais c'était compter sans les infirmières qui me forçaient à tout avaler !

Elles n'étaient pas gentilles, ces dames en blanc, à la chevelure recouverte d'un petit bonnet. De toute manière, je n'aurais eu droit à rien d'autre ; l'hôpital ne m'a jamais offert autre chose que cette soupe à la farine blanche. Dix-huit heures plus tard, j'allais subir une narcose à l'éther !

Je pleurais, mais rien n'y faisait. Je devais manger ! Mes soignantes étaient à ce point psychorigides et malveillantes, que Maman prit l'habitude de partir après ce repas. Et, dès que ces dames tournaient le dos, elle mangeait cet infect *« consommé blanc »*, pour me soulager de ce supplice. Je la revois, secouée par des nausées ! Pourquoi n'a-t-elle jamais pensé à prendre un récipient avec elle, afin de cacher ce breuvage innommable dans son sac à main ! Et pourquoi n'avait-t-elle jamais tapé sur la table en disant :

— *Basta ! Si ma fille ne veut pas manger cette soupe, elle en a le droit !*

Mais voilà, nous étions comme deux enfants perdues dans un monde trop grand pour nous. Nous devions survivre, sans personne pour nous protéger ni pour nous défendre.

Puis ma maman repartait avec le train, me laissant seule face à mes bourreaux, comme un agneau qui attendrait d'être déchiqueté par les crocs d'un loup.

En écrivant ce texte, la narratrice que je suis comprend mieux le choix de ma mère, vraisemblablement inconscient d'épouser en deuxièmes noces un homme ayant le caractère d'un véritable cow-boy. Malheureusement, contrairement à ce qu'elle espérait, son futur conjoint ne devait pas nous apporter que du bonheur, loin de là !

En ce qui concerne mes parents, voici en quelques mots l'histoire qu'on m'a contée par bribes et dont je me souviens : mes géniteurs se sont séparés dans des conditions difficiles et ont divorcé une année plus tard, en 1964. Dès l'instant où ma mère m'a emmenée, je n'ai plus eu de contact avec mon père, car, avec l'aide d'un avocat et l'appui de sa sœur aînée, ils sont parvenus à lui enlever tout droit de visite. À cette époque, on ne pouvait imaginer un enfant loin de sa mère et l'on estimait que le rôle des hommes était avant tout, et peut-être uniquement, de ramener un salaire dans le foyer. Ma situation était donc fort malheureusement courante.

J'ai cru comprendre que mes géniteurs rencontraient des difficultés à communiquer et défendre leurs territoires réciproques. Mon père se montrait enragé envers son épouse et parfois colérique quand le bébé que j'étais pleurait un peu trop à son gré. Ma mère me raconta que, ne supportant plus mes sanglots de nourrisson, il frappait parfois sur mon duvet. Un jour du mois de février, alors que j'avais à peine trois mois, il était parti faire du jardin avec moi dans la poussette, sans prendre le temps de m'habiller ni de me couvrir ! Je ne sais pas combien de temps je suis restée ainsi, mais ce qui est certain, c'est que j'aurais pu mourir d'hypothermie ! Il m'est donc impossible d'imaginer un papa me serrant dans ses bras pour me réconforter. Je le vois plutôt me regardant de travers à cause de mon imperfection. S'en voulait-il de ne pas avoir pu engendrer un enfant *« normal »*, comme tous les autres ?

Je sais cependant que mon père était un homme inquiet et jaloux, au point qu'il en arriva à confisquer les clés de la boîte aux lettres familiale. En 2023, personne ne peut comprendre ce geste ridicule. Mais dans les années 50, le téléphone portable n'existait pas et la majorité des femmes mariées restait à la maison. Un amant pouvait déposer un message écrit pendant que l'époux travaillait à l'extérieur… D'autant plus que les hommes suisses étaient annuellement absents pendant plusieurs semaines, au nom de la patrie et de l'armée helvétique.[2] Ainsi, de nombreux saisonniers italiens ou espagnols ont réchauffé les pantoufles et les draps des maris envoyés en service commandé !

Puis un jour, j'ignore ce qui a provoqué cet acte, mon père finit par casser le nez de ma mère en pleine rue. Ce geste allait peser lourd dans le procès de leur divorce. Deux policiers l'embarquèrent et Maman profita de son absence pour faire ses valises et partir, emmenant sa fille et sa machine à coudre avec elle… Un peu comme si nous avions la même valeur à ses yeux. Je dis cela, car dès ce jour, son amie de métal prit toute son attention, me reléguant au second plan. Certes, il fallait bien qu'elle gagne sa vie, notre vie à toutes les deux, en reprenant son métier de couturière à 200 %. Mais à 3 ou 4 ans, on n'a pas forcément la capacité de comprendre cette réalité bien concrète.

Quelle enfant étais-je avant cette séparation ? Ma mère raconta un jour que mon père me disait parfois :

— *Va frapper ta maman, Dominique ; car elle est méchante !*

Mais, comme si je savais déjà que dans la vie, tout n'était pas aussi simple, je ne l'avais jamais fait. Quant aux raisons qui le motivaient à vouloir frapper ma mère par mon intermédiaire, je ne les ai jamais entendues, jamais connues. Malgré tout, j'ose croire qu'il y a eu dans le cœur de mon père, une place pour moi, un espace de tendresse qu'il aurait pu m'offrir. Pour alimenter ce rêve, il me reste un petit coin de ciel bleu dans une voûte bien grise : je devais avoir 8 ou 9 ans lorsque mon père réussit enfin à obtenir des heures de visites. Quelques dimanches à passer ensemble, dans une gêne réciproque occasionnée par le manque d'habitude. Lui, l'adulte diabolisé et moi, le petit animal

[2]. Dans les années 60, la Suisse exigeait de tous les hommes de 19 à 50 ans qu'ils soient capables de servir pour défendre leur pays si le besoin s'en faisait sentir. Pour cela, les militaires hommes, et femmes si volontaires, effectuaient annuellement un « cours de répétition » de trois semaines et des tirs obligatoires…

écorché vif, craintif que j'étais devenue, alors que dans ses souvenirs, je devais être une fillette heureuse et innocente. Malgré mon stress, je me souviens d'une phrase émise avec affection :

— *Que veux-tu manger pour ton dîner Dominique ?*

Je pouvais choisir !!! Mon père m'accordait la possibilité de manger ce qui me faisait plaisir ! Il me le demandait, écoutait ma réponse, puis y répondait avec naturel. Cela peut paraître ridicule dans l'histoire des hommes, mais pour moi, ce fut la découverte d'un monde inconnu, de tout un Univers, devrais-je dire ! J'avais suffisamment d'importance pour oser demander quelque chose de bon à manger pour moi ! Et la personne en face de moi assez d'empathie pour y répondre. Malheureusement, ces dimanches ne furent qu'une minuscule parenthèse pour nous deux, car ma mère, par son remariage avec un homme plus sauvage que la moyenne, trouva un moyen peu ordinaire, mais radical d'y mettre fin.

Chapitre 4

Le Seigneur est mon refuge
par les temps de détresse.

Ps.9 : 10

En dehors des repas, le personnel servait à chaque patient une tasse de tisane le matin, puis une seconde pour la nuit. C'est tout ce que nous recevions de l'hôpital. Un soir, j'osai demander, curieuse :

— *Mais pourquoi est-ce que notre thé n'a pas le même goût que celui du matin ?*

— *C'est du thé de tilleul, Dominique ; c'est bon pour aider à dormir et tranquilliser les malades.*

J'avais besoin de déchiffrer la vie. Pas pour ennuyer les adultes, mais juste pour comprendre les raisons du comment et du pourquoi. Pour ensuite replonger dans mon silence afin d'y faire mes propres déductions, loin du bruit provoqué par les bien-entendants. Je suis restée ainsi toute ma vie. Ce trait de caractère me permettait de réfléchir plus loin que tout ce que mon entourage me présentait, mais ne m'empêcha pas de me tromper parfois de voie. Quoi qu'il en soit, tranquillisantes ou pas, ces tasses de thé étaient insuffisantes pour calmer notre soif. Alors, lorsqu'elle se faisait trop sentir, je m'accrochais au lavabo pour boire à même le robinet. Un jour, une infirmière entra et me surprit ainsi pendant que je me désaltérais. Était-ce que l'un des enfants plus âgés, partageant cette chambre avec moi, avait sonné pour l'appeler ? Je ne le saurai jamais. Elle me gronda, mais avec douceur :

— *Il ne faut pas te lever Dominique ! Ce n'est pas bon pour toi ! Tu dois rester couchée !*

— *Mais j'ai soif !*

— Pourquoi est-ce que ta maman ne t'a rien apporté à boire ? Je vais aller t'acheter une bouteille d'Henniez[3]. Est-ce que tu veux de la limonade citron ?

De la limonade citron ? Je n'en avais jamais eu ; je ne savais même pas que cela existait ! Je me sentais fière, comme une grande personne, avec ma bouteille en verre sur ma table et cette dame qui me servait ! Aujourd'hui je n'ai qu'à fermer les yeux pour revoir cette scène dont le souvenir est encore si prégnant. Ma limonade était là, à côté de mon lit, campée au milieu de la table sur laquelle les infirmières servaient mes repas, installaient la cuvette d'eau pour me laver ou déposaient mes livres. Mais ce sentiment de grandeur n'allait pas durer longtemps. Lors de sa prochaine visite, ma maman regarda la bouteille avec un drôle d'air :

— Pourquoi as-tu pris cette limonade ? Tu sais, je n'ai pas les moyens de la payer !

— Mais ce n'est pas moi qui ai voulu l'acheter ; Je n'ai rien demandé ! L'infirmière est allée la chercher parce que j'avais soif.

En fait, j'ignorais même que ma maman devrait payer cette boisson.

— Si tu as soif, va boire au robinet.

— C'est ce que j'ai fait. Mais l'infirmière est entrée dans la chambre quand je buvais au robinet ! Elle m'a grondée en me disant que je ne devais pas me lever, à cause de mes cicatrices. Et comme elle est gentille, elle est partie me chercher une bouteille.

Mine de rien, ces quelques mots suggéraient : *« Plus gentille que toi... »*

— Mais en quoi est-ce que cela la regarde ?

Que répondre ?

[3]. *Henniez est une marque d'eau minérale suisse, produite dans le canton de Vaud.*

— Écoute, je ne peux pas payer. Si tu as soif, tu dois aller boire en cachette !

Cela signifiait : attendre que mes compagnons d'infortune dorment et prier pour que personne n'entre à ce moment, puis me laisser glisser en bas de ce lit, tellement haut pour moi. Il n'y avait pas encore de lits électriques à cette époque. Et boire vite, vite, l'eau du robinet avant de remonter tant bien que mal sur mon perchoir… avec des pansements et des cicatrices qui tiraient dans tous les sens. Tout cela parce que ma maman n'avait pas de quoi me payer une bouteille de limonade pendant mes séjours à l'hôpital !

Dois-je préciser, non sans un zeste d'ironie amère, que je ne l'ai jamais vue, elle, boire autre chose que du thé ou de l'eau gazeuse de la même marque ?... Des bouteilles d'Henniez qu'on lui livrait par camion ! Que devais-je en déduire ?

Maman ne venait pas souvent me voir à l'hôpital. La caisse invalidité lui payait un billet de train pour m'y conduire, puis un second pour me ramener à la maison. Décisionnaire de toutes mes opérations, elle payait également les trajets nécessaires aux visites médicales, avant et après les interventions chirurgicales. Mais, même à une époque où beaucoup ne possédaient pas encore de téléphone, elle n'allait assurément pas dépenser de l'argent pour qu'un membre de ma famille puisse venir me tenir compagnie et s'assurer que j'allais bien. De tels *« détails »* n'avaient d'importance pour personne !

J'en ai eu la confirmation, un jour de 1998, quand mon fils âgé de 10 ans se trouva lui-même en isolement pour une infection dont on ignorait l'origine. Je compris alors à quel point, pour ma génitrice, il aurait été illogique de *« perdre son temps »* à me tenir compagnie :

— Pourquoi y vas-tu tous les jours ? Tu n'as pas d'autres choses à faire ? m'avait-elle dit sur un ton de reproche acariâtre.

Après m'avoir quelque peu abandonnée au personnel soignant de l'époque, elle me reprochait, vingt-cinq ans plus tard d'aller visiter quotidiennement mon fils ! Mais alors qu'il avait été placé en isolement, moi, sa mère, j'aurais dormi à l'hôpital si j'avais pu, en prenant ma fille aînée auprès de nous ! Mon réflexe de survie était à l'opposé de celui de cette maman parfois un peu étrange, qui était la mienne.

Mais finalement, elle avait peut-être raison, les adultes ont tant d'autres choses à faire, beaucoup plus importantes qu'apporter un peu de réconfort à leurs enfants malades ou handicapés ! Des choses sérieuses, comme travailler et gagner leur vie par exemple. Ce sont des héros, les adultes ! C'est du moins ce que j'avais cru comprendre pendant toutes ces années où j'étais seule avec mon ours en peluche. De ces moments-là, j'ai gardé l'habitude de m'endormir en serrant parfois un coussin recouvert d'une fourre en pure laine vierge entre mes bras, pour me sentir moins seule. D'autres fois, je le mets dans mon dos et je m'appuie contre lui. Sa douce chaleur m'apaise aussitôt, comme la main d'un ami contre moi.

Dans mes souvenirs, une inconnue est venue me visiter avec un sachet de pommes séchées. Une fois, une seule fois ! Et je m'en souviens encore, comme je me souviens de cette friandise, tellement ce fut inattendu et exceptionnel pour moi. Elle se présenta, me disant qu'elle était une cousine de ma maman. Je lui avais demandé pour quelle raison était-elle là, alors qu'elle ne me connaissait pas ? Peut-être avais-je un besoin inconscient de comprendre pourquoi on m'abandonnait ainsi, sans visite, contrairement à mes compagnons de chambrée ? Je n'attendais rien de personne, alors je ne comprenais pas ce qui me valait ce cadeau.

Elle m'avait répondu qu'elle habitait à Lausanne. Et que c'était plus simple pour elle que pour Maman, de venir me visiter. Certes, j'aurais pu me réjouir simplement, comme tous les enfants du monde, sans poser de questions. Mais voilà, pendant que ceux de mon âge apprenaient à vivre en famille plus ou moins grande, avant de faire leurs premiers pas dans la société, j'apprenais le rejet de mon entourage scolaire en apprivoisant ma solitude.

Chapitre 5

On croit trop souvent qu'aimer
signifie la même chose pour tous.
C'est pourtant si différent pour chacun d'entre nous.

Dominique De Luca

Lorsque j'étais une petite fille, personne ne s'est arrêté sur les détails liés à mon handicap. Cela n'a pas eu qu'un côté négatif : j'ai appris à ne pas m'arrêter, moi aussi, à ce détail. Cependant, dans mon ordinateur central et biologique, les images mettent plus de temps à arriver du côté droit que du côté gauche. Des objets ou des personnes en mouvement trop près de moi, enfants qui courent ou adultes qui gesticulent, provoquent un déséquilibre involontaire, avec lequel je dois vivre quotidiennement. Ce qui provoque d'importants problèmes d'équilibre et explique de nombreuses chutes, de mon enfance à aujourd'hui.

Cependant, j'avais ma part de responsabilité dans cette histoire, puisque je suis née avec une telle caractéristique ! Ce qui pourrait signifier aujourd'hui que je n'ai pas à me plaindre d'avoir une multitude de cicatrices, du pli de l'aine jusqu'au-dessus du genou… et partout ailleurs ! Du moins, pour ne pas être parfaite comme tous les autres enfants, j'étais indubitablement coupable !

Fautive avant tout d'avoir provoqué tant d'embarras à ma mère, pour qui mon handicap engendrait des difficultés financières, mais aussi des désagréments émotionnels. À cause de moi, cette tare faisait ricochet sur la société, cette grande communauté qui dans nos pays civilisés ne pardonne pas la différence. Car quel parent ne développe pas son amour-propre devant sa petite fille ou son petit garçon, tellement beau et parfait ?

Parce que je sentis, très tôt, combien ma propre souffrance résonnait sur mon entourage, je l'ai gardée pour moi toute seule. Pourtant, lorsque les mots font si mal, il est parfois légitime de les prononcer, tout au moins devant Dieu, même dans un murmure à peine audible. Non pour juger, mais pour prendre conscience des abîmes creusés par nos peines autant que des ombres manipulant nos âmes !

Pardonnez-moi tous, je ne suis pas née parfaite ! Et alors... était-ce indispensable de marquer ainsi le corps d'une petite fille, juste pour lui permettre d'entendre de deux oreilles ? Alors que j'aurais simplement aimé être belle, charmante et élégante, avec des vêtements cousus sur mesure pour faire la fierté de ma maman !

Malheureusement le tabou était si fort, le silence semblait si imposant que jamais je n'ai pu parler à ma mère de mon handicap ni des tortures que j'ai subies. L'omerta était totale ! Car mes mots auraient pu réveiller d'autres maux, d'autres culpabilités, mais pas seulement... Alors je me taisais, je m'effaçais. Et la communication des adultes fut de toute manière si lamentable, que pendant toutes ces opérations j'ai ignoré leur ambition : une fois ce pavillon greffé sur le côté droit de mon visage, ils voulaient m'ouvrir la tête pour me fabriquer une oreille moyenne. Là, il y a comme un trou, un vide dans ma vie. Des non-dits auxquels je n'ose pas songer.

J'entends encore le : *« Oui, mais pourquoi penser de pareilles choses ? »* d'individus assurément remplis de bonnes intentions. La réponse est simple : lorsqu'aucun adulte ne prend la responsabilité de lui enseigner des mots d'amour et d'empathie, que personne ne s'accorde le temps nécessaire pour dialoguer avec lui, pour lui expliquer simplement ce qu'on est en train de lui faire, un enfant est incapable de réfléchir autrement. On voulait me greffer une oreille, ça, je le savais ! Mais le reste ? Trois petits points… Réellement ! À leurs yeux ce n'étaient que des détails insignifiants qu'un gosse, devenu cobaye n'avait pas besoin de connaître.

Les adultes qui ont voulu régner en sauveurs sur mon enfance ont incontestablement fait les choses à l'envers ! À trois ans, je ne parlais pas encore. Une à trois années plus tard, isolée sur mon lit d'hôpital puis dans ma chambre d'enfant avec mes livres et mes jouets, je ne me souviens pas avoir appris à lire. Pourtant, je savais reconnaître les mots imprimés dans toutes ces histoires bien avant de commencer l'école. Même si, adolescente, j'ai toujours eu énormément de difficultés à lire à voix haute, en particulier devant mes camarades de classe.

Et puis, comment pouvais-je prononcer des lettres que j'étais incapable de différencier à l'ouïe ? N'entendant pas l'ensemble des sons, j'étais incapable de faire la différence entre certains mots dont les lettres semblaient jouer à colin-maillard avec mon esprit. Ou de prononcer des vocables tels que « statue ».

Je comprenais instinctivement les choses, les messages clairs ou cachés. Même si je n'ai jamais saisi avec exactitude, toutes les subtilités de l'orthographe. Comment aurais-je pu écrire correctement ce que j'entendais mal ? D'ailleurs, la justesse des mots, en particulier des plus difficiles, tels les noms de famille ou ceux phonétiquement ressemblants, a toujours été laborieuse pour moi. Elle l'est encore aujourd'hui, particulièrement en allemand. Je dirais même que cela devient de plus en plus fatigant, avec ou sans appareil auditif.

En 1966, mes maîtresses de jardin d'enfants insistèrent auprès de ma mère récalcitrante pour que j'aille apprendre à parler chez une orthophoniste. Mon cerveau a dû s'entraîner, vaille que vaille à se concentrer davantage que les autres enfants pour entendre avec cette oreille gauche qui capte la musique et le rythme des sons bien mieux que les mots.

À part ces quelques visites chez l'orthophoniste, je me suis toujours débrouillée seule, en utilisant mes yeux et l'intelligence dont Dieu m'avait dotée pour pallier mon handicap. Incapable de gérer tout ce qui m'entourait, j'ai dû apprendre à me concentrer sur ce que je faisais et sur une seule personne à la fois. J'ai donc grandi sans me faire d'amis et plus tard, avec l'incapacité de rencontrer des gens dans des endroits bruyants, tel un restaurant ou un bar.

On dit que l'enfance est la période d'apprentissage la plus importante pour s'entraîner à éviter ou débusquer les pièges de la vie. Ce sont ces années-là qui fourbiront des armes efficaces pour cheminer entre les pierres et les fêlures, jusqu'au bout de notre existence. Un enfant, qui a vu ses parents l'aimer et le chérir, trouvera normal de recevoir de l'amour pour ce qu'il est. Mais comment faire pour repérer l'affection, les attentions d'autrui, pour les reconnaître lorsqu'on a été bafoué ? Et si l'on a la chance de les rencontrer, comment déposer ses armes et faire confiance, alors que l'on a appris de quoi est capable un être humain ?

Tout cela devient bien compliqué, même si l'on sait que le toucher, les compliments, les cadeaux, le temps passé ensemble puis l'entraide sont les cinq principaux langages d'amour qui relient les humains. Langages que nous apprenons ou non, à travers les adultes présents autour de nous pendant notre enfance. Alors, quel est mon langage d'amour préféré, à moi qui ai appris à garder le silence devant l'aberrance des hommes ? J'ai le sentiment que le navire de ma vie a intelligemment manœuvré pour que je passe à côté de cette bénédiction ! Catastrophe !

D'ailleurs, que signifie le mot *« aimer » ?* Plus je vieillis et plus cette énigme me semble obscure, sans authentique réponse. Je lis certains commentaires qui en parlent, mais rien qui corresponde à ma vie. Mon psychiatre m'a généreusement enseigné qu'en imaginant certaines scènes, comme celle d'une maman prenant soin de son bébé avec amour, sans culpabilité, celles-ci feront autant d'effet sur notre cerveau que si nous les avions réellement vécues ! Je veux bien le croire. Mais, malgré tout le respect que je lui dois, je doute que cela puisse être efficace à long terme.

À moins de passer notre vie dans le monde de l'imaginaire… !

Chapitre 6

Si je n'avais pas créé mon propre monde,
je serais probablement morte dans celui des autres

A. Nin

Je ne sous-estime pas les effets secondaires de mes opérations. Mais que faire des commentaires de Maman, des hésitations ou du recul de certaines personnes au moment de me faire une bise. Cela ne m'est pas arrivé souvent, mais suffisamment pour que je ne l'oublie pas ? Et que dire du comportement de la majorité de mes camarades d'école pendant mes quatre premières années scolaires ? Des *« innocents »* qui m'ont enseigné la discrimination la plus avilissante qui soit : le rejet de la différence.

Si mes institutrices prenaient soin de moi, mon corps inspirait malgré tout le dégoût, le rejet, la curiosité aussi. Imaginez le monstre que j'étais pour ces adultes en devenir avec mes pansements ! Réduite à l'état d'un animal biscornu qui ne passait pas inaperçu malgré mon tempérament calme et discret, j'ai été battue, repoussée, mise à l'écart… parce que j'avais des cicatrices.

Il a fallu que le film *« la méthode Williams »* me fasse replonger dans mes souvenirs scolaires pour que je comprenne enfin l'horreur de mon propre vécu. Lorsque je vis Richard Williams, le père de Serena et Vénus, battu pour avoir seulement et par inadvertance, touché la main d'un homme blanc, je compris soudain qu'il n'y avait pas de différence entre cet adolescent tabassé à coups de pied, tombant sous la haine des nationalistes blancs, et moi, maltraitée par mes camarades d'école… Seules les injures variaient : *« sale nègre »* d'un côté, *« oreille d'éléphant et pourrie »* de l'autre.

Il n'y avait pas non plus de différence entre la manière dont son père avait fui, l'abandonnant à ses agresseurs, par peur ou lâcheté, et celle dont mes parents m'avaient abandonnée à mes bourreaux. J'aurais eu besoin de mains tendues, d'amitié et de tendresse. Mais j'ai reçu tout le contraire ! Et je présume avec diplomatie que tous ceux qui ne se sont pas moqués de moi sont restés en retrait par timidité.

L'histoire ne s'arrête pas là. Car en définitive, Richard Williams a tiré une grande force de ces haines : une détermination sans faille qu'il a mise au service de la carrière de ses filles, devenues bien plus tard les stars mondiales de tennis que nous connaissons. Quant à moi, si j'ai construit ma vie sans l'affection de mes proches, j'ai tiré de mes épreuves une capacité d'écoute et une empathie particulière pour les plus faibles.

— *Vous nous comprenez sans nous juger, sans même nous parler,* ai-je souvent entendu ! *Vous devinez même ce que nous ne disons pas.*

Eh oui, construire au lieu de gémir ! Car je suis convaincue que la majorité de ces moqueurs sont victimes, eux aussi, sous d'autres formes, de manques affectifs.

Malheureusement ces phénomènes de rejet, de harcèlement existent encore aujourd'hui. Au point de pousser de trop nombreuses victimes, enfants ou adolescents au suicide. Il suffit d'être différent, un peu gros, un peu étranger, un peu lent, pas assez à la mode pour attirer la foudre des autres, de ceux qui croient posséder le monde. Par chance, mes camarades d'école n'avaient pas encore de téléphone portable, donc pas de photos à envoyer plus loin pour chercher à me ridiculiser davantage. Néanmoins j'ai gardé ces stigmates toute ma vie.

J'ai entendu quelques théories, émanant de psychologues, sociologues et psychiatres érudits sur les raisons de telles maltraitances dans les établissements scolaires. Toutes expliquent que les suiveurs ne sont que des lâches. Lesquels finalement craignent de se retrouver seuls ou de voir les meneurs se retourner contre eux. Mais j'en ai vu aucune qui parle du manque d'affection, de tolérance et de tendresse dans l'éducation des leaders. Des déficiences qui apportent un trou noir et angoissant : le sentiment de n'exister réellement pour personne. Et c'est bien dommage, car ces bâts blessent « *les* graines *d'inquisiteurs* », au point que le fruit de leur propre frustration se nomme méchanceté gratuite.

Pourtant loin du monde occidental, nous pouvons rencontrer sur cette planète des peuples qui éduquent leurs enfants au respect de l'autre. Ce sont des ethnies que nous, autoproclamés bien-pensants et civilisés, avons très souvent qualifiées d'inférieures. Chez eux, le rejet, donc l'isolement et la solitude, n'existent pas. Les enfants savent qu'ils font tous partie d'un tout, où chaque pièce a son importance. Certes, je peux concevoir qu'il est dur d'affronter certaines situations. Toutefois, qu'y a-t-il de plus noble sur cette terre que de tenir la main d'un être qui souffre ? Ou de faire oublier à un enfant ses cruelles réalités par le rire ou le jeu, l'espace d'un instant ? Combien de fois l'ai-je fait pour d'autres… sans que personne ne voie ma propre souffrance ?

Les individus que j'ai accompagnés avaient le sentiment de se sentir compris, parce que je prenais du temps pour entendre leurs réalités, leurs peines y comprises. Ils me l'ont souvent affirmé, alors que je travaillais encore dans les soins à domicile :

— *Comment faites-vous pour savoir que je ne vais pas bien, alors que vous venez d'arriver et que je n'ai encore rien dit ?*

Ma réponse était simple :

— *Je n'ai pas appris qu'à lire et compter pendant mes premières années de vie. Je sais écouter les silences avec mes yeux et regarder un être humain avec mon cœur.*

C'est ainsi : les sourds et les malentendants entendent plus ou moins partiellement avec les yeux. Concentrés sur les lèvres, nous apprenons à déchiffrer les visages autant que le langage corporel.

Même dans ma réalité, sans apprentissage, cela devient instinctif, comme une seconde nature.

Cette aptitude à intercéder en faveur de mon entourage ne fut pas sans conséquences pour moi. Pendant que mes yeux apprenaient à « écouter », mon cerveau saisissait ce que les mots ne disaient pas : les accents, les humeurs et parfois la vérité sur l'âme des gens. Cette aptitude procure une dimension différente à la vie, étonnement plus authentique, moins superficielle. Mais elle provoque également un décalage. Car ce n'est pas toujours agréable de capter ce que les humains refusent de voir, donc d'admettre, sur leur propre réalité. Pas plus que de recevoir en pleine figure, sans paravent protecteur, les ambiances émises par les extravertis.

J'ai compris qu'il était préférable de garder en moi mes ressentis. Et je me suis éduquée à prendre régulièrement du recul pour me protéger. Car si cette aptitude m'a souvent aidée dans mon travail, il est parfois inconfortable de flairer les humeurs tout comme le silence, volontaire ou non, des traumatisés. Particulièrement lorsque la fatigue physique et psychologique vient jouer les trouble-fêtes.

Et alors que je me relis, je découvre avec surprise une évidence : mon incapacité à concevoir que mon entourage ne soit pas capable, comme moi, de percevoir puis de comprendre les sons de la vie sans mots parlés ! Je spéculais que tous les humains fonctionnaient comme moi ; du coup, chaque fois que j'ai cru rencontrer enfin une personne capable de m'écouter, d'une manière ou d'une autre, j'ai fini par déchanter, restant seule avec ma souffrance.

J'ai souffert et je souffre encore de cette incapacité, qu'ont les autres, en face de moi, de discerner les mots que je ne dis pas, ou ceux que j'essaie d'exprimer avec peine.

Et puis, c'est à moi qu'il manquait quelque chose, pas aux autres. Comment pouvais-je croire le contraire ?

Chapitre 7

Il n'y a pas de plus grand bonheur
que la venue d'un hôte dans la paix et l'amitié.

Proverbe africain

Mes parents se sont séparés lorsque j'avais 3 ans. Dès lors j'ai perdu tout contact avec mon père et vécu sept ans seule avec une maman divorcée et très occupée. À cette époque aucune image masculine, hormis celle des médecins et anesthésistes qui m'endormaient et donc me donnaient la mort, ne posait de points d'équilibre dans mon univers, au cœur duquel de nombreuses femmes me servirent de repères.

Si j'étais seule à l'hôpital, les choses ne s'amélioraient pas lorsque je rentrais à la maison : en convalescence, il m'était interdit de courir et de jouer avec les autres enfants. Ma maman posait parfois une couverture sur l'herbe devant notre locatif, pour protéger mes cuisses recouvertes de pansements. Et je restais là, avec mes ours en peluche et ma poupée pendant qu'elle travaillait à son atelier de couture.

Pas un détail de cette prairie ne m'échappait. J'en admirais les minuscules dentelles, d'un bleu si tendre, qui semblaient me dire gentiment :

— *Ne m'oublie pas !*

Je jouais aussi avec les petites fleurs aux pétales blancs et cœurs jaunes dont le nom rappelle si joliment le souvenir du miracle pascal encore ignoré de moi[4]. J'en faisais des diadèmes puis j'en couronnais ma tête. Et l'espace d'un court instant, je rêvais à un autre royaume, dans une autre vie où j'aurais pu être princesse.

J'aimais le souffle du vent sur ma peau. Et la chaleur dégagée par les rayons du soleil qui réussissaient à s'infiltrer entre les branches d'un saule pleureur m'était une caresse douce et consolatrice. Cet arbre surplombait avec élégance le carré de sable où s'amusaient les autres enfants de notre immeuble. Hélas, à cause du risque d'infection, il m'était interdit de les rejoindre pour jouer dans ce sable, où tous les chats du quartier se soulageaient, le rendant peu fréquentable pour les petits d'hommes.

Il paraît que la viande de chats doit être cuite plus longtemps que celle du lapin et qu'ils ont les côtes plus plates que celles de leurs cousins. Je sais cela, car à l'approche de Noël ou de Pâques, ces minets avaient la mauvaise habitude de disparaître les uns après les autres. Les Italiens que l'on soupçonnait, sans preuve aucune d'être friands de ces mets, étaient tenus pour responsables de ces disparitions périodiques. Heureusement que les étrangers existaient : avec eux, nous n'avions pas besoin de condamner à tort et à travers nos voisins suisses ! Mais les choses ont-elles vraiment changé ? N'est-ce pas encore et tristement, toujours la même rengaine à l'aube de notre XXIe siècle ?

Les jours de grande chaleur, je jouais en sécurité sur notre balcon : quelle chance nous avions d'en posséder un, même petit ! C'était un

4 *« Ne m'oublie pas »*, dit le myosotis qui, en allemand, se traduit par : Vergißmeinnicht. La phrase « Vergiß mein nicht » signifiant : « Ne m'oublie pas ! » Quant aux petites fleurs qi rappellent le souvenir du miracle pascal, il s'agit, bien entendu des pâquerettes.

luxe que beaucoup d'habitants de cette planète ne possèdent pas ! Lorsque mes cuisses étaient enfin cicatrisées, ma maman y installait une bassine d'eau, assez grande pour que je puisse m'y asseoir et profiter ainsi d'une fraîcheur bienfaisante. Ces jours-là, je ne devais surtout pas oublier de m'essuyer les pieds avant d'entrer dans le salon, transformé en atelier de couture et petit coin à dormir pour ma maman, tandis que je dormais dans l'unique chambre de notre petit appartement.

Et c'est grâce à ce balcon que j'appris à ne plus craindre Manuel ! Lui n'était pas un ours en peluche, loin de là ! D'ailleurs j'y pense, je ne lui ai jamais donné de nom, à mon ours !

Une Allemande, jolie blonde aux yeux bleus, toute douce, louait l'appartement à côté de chez nous. Par contre son colocataire était un ogre, un *« cannibale »* à mes yeux d'enfants, tout noir et parlant avec une voix qui paraissait sortir tout droit de l'enfer. Et qui riait bien trop fort, exhibant devant mon nez apeuré des dents si puissantes et d'une blancheur tellement surprenante que j'en reculais, effrayée. Je n'avais alors que 4 ans. Et j'étais persuadée que les siens se nourrissaient de chair humaine pour avoir été dotés d'une pareille dentition ! Je n'étais pas très loin de la réalité. Car j'ignorais encore que dans son pays, l'estomac des hommes digérait les os des poulets avec presque autant de facilité que la viande juteuse de leurs cuisses.[5] Quelle tête j'ai faite, cinquante ans plus tard, en cherchant pour la première fois les os du poulet que j'avais servi à mon mari ! Ils avaient presque tous disparu !

En 1964, j'ignorais aussi que Manuel deviendrait au fil des ans, mon meilleur ami. Et qu'au plus profond de son âme et de sa chair, il

[5]. *Juste un petit mot adressé aux membres de mouvements comme Black Lives Matter. Je précise qu'il n'y a eu, à aucun moment, même pas un zeste de racisme dans mon esprit. Je raconte simplement, tel que je l'ai vécu, l'un des plus beaux épisodes de ma petite enfance, alors que je voyais, pour la première fois de ma vie, une personne originaire de l'Afrique tropicale.*

serait surtout le seul à compatir devant mon calvaire. Comment pouvais-je deviner, dans son rire énorme que lui, le géant, avait été torturé par les Portugais ? Qu'il s'était battu pour l'indépendance de sa terre natale et qu'il souffrait, lui aussi, de solitude dans ce pays qui n'était pas le sien ? Comment aurais-je pu lire tant de peines derrière sa bonne humeur et sa peau noire sentant bon le soleil, lorsqu'il me prenait dans ses bras ? Tous ces chagrins étaient cachés en lui. Cependant mon âme d'enfant, dans son innocence, avait capté quelque chose. Elle sentait que lui aussi souffrait de sa différence.

Puis un jour la rougeole fit son apparition dans ma chambre de petite fille. L'avais-je attrapée à l'hôpital ? Il m'est impossible de le dire. Ce dont je me souviens très précisément, c'est de mon état de faiblesse. J'étais tellement malade que je ne tenais plus sur mes jambes. Mon corps entier brûlait, je restais donc seule, avec cette grosse fièvre comme compagne, dans cette pièce aux volets et rideaux fermés pour maintenir mes yeux à l'ombre.

Motivé par sa culture altruiste et malgré les risques de contagion, Manuel arriva. La rougeole tuant des millions d'Africains, il en connaissait les risques. Alors il restait assis dans le hall d'entrée pour me veiller, pendant que ma maman œuvrait à sa couture. Lorsque je dus aller aux toilettes, mes pieds brûlaient tellement qu'il m'entendit pleurer et voulut m'aider. Mais ma maman était inflexible. Selon elle il n'y avait pas d'autre solution pour moi que de marcher jusqu'au cabinet. Manuel surgit alors dans ma chambre et me prit dans ses bras. Comme salaire pour sa peine, mon ami reçut un coup de poing sur l'épaule :

— *Pose-la, elle est contagieuse ; tu risques d'attraper la rougeole !*

— *Mais elle souffre !*

— *Cela n'a pas d'importance ; elle peut se débrouiller toute seule !*

La toute petite phrase qui suivit fut l'un des plus beaux, sinon le plus beau geste d'amour que je reçus pendant toutes ces années de maltraitance. L'ogre à la peau noire affronta ma mère avec détermination et, passant par-dessus son autorité, répondit :

— *Non, elle a mal ! Je ne la laisserai pas souffrir comme ça. Je ne peux pas faire ça !*

Les Portugais avaient également torturé son frère en enfonçant des fragments de bois sous ses ongles, pour ensuite leur mettre le feu. Tout cela afin qu'il transmette les noms et les cachettes de ceux qui se battaient pour l'indépendance de leur pays. Parce qu'il savait qu'il finirait par parler, s'il était martyrisé de cette manière, Manuel avait réussi à s'évader puis à fuir son pays.

Mais ce jour-là, parce que soulager mes douleurs lui était tellement plus important que le risque de contagion, il n'hésita pas à m'assister pour apaiser la brûlure de mes pieds : il me porta jusqu'aux WC, attendit que j'aie terminé, puis me porta de nouveau dans mon lit !

Qui était réellement l'ogre dans toute cette histoire ? Pourquoi ma mère, toujours si souriante et affable avec ses clientes, était-elle devenue si dure avec moi ?

Chapitre 8

Ma main n'est pas pareille à la tienne.
Mais si je la perce, j'aurai mal tout comme toi
Et mon sang sera pareil au tien.
Car nous sommes tous deux enfants du Grand Esprit.

Pensée indienne d'origine inconnue

Pour introduire Manuel dans la Grande Histoire, rappelons que, dès 1415, c'est à dire soit septante-cinq ans avant d'avoir découvert le Brésil, les navigateurs portugais débarquèrent en Afrique noire et jetèrent l'ancre de leurs navires sur les côtes de l'actuel Angola. Les autochtones peuplant ces contrées ne ressemblant en rien à leurs semblables, les nouveaux envahisseurs décidèrent que ces terres, comme toute vie animale ou humaine les peuplant, leur appartenaient. Ainsi, ces êtres aussi blafards que les fantômes de leurs pires cauchemars s'approprièrent la terre noire de leurs ancêtres…, au nom de la Couronne et *« selon le bon vouloir de Dieu »* !

C'est donc à la dénomination d'un créateur fabriqué à leur image, que ces navigateurs portugais commencèrent à marchander avec les natifs de cet immense continent. Ouvrant des centres d'import-export, à l'époque, on parlait de comptoirs, ils pillèrent l'Afrique de tous ses biens pendant des siècles : bois et métaux précieux, animaux, caoutchouc, sucre, café, cacao… Ce fut aussi simple que cela !

En 1500, leurs descendants accostèrent sur les rives de l'Amérique du Sud. Puis à l'Afrique et au Brésil s'ajoutèrent d'autres colonies, d'autres comptoirs. Mais préférant la construction des bateaux au travail des champs, ces incroyables aventuriers réalisèrent très vite qu'ils n'étaient pas assez nombreux pour cultiver toutes ces terres.

Dès lors, arrogants et haineux, ces navigateurs hors pair se lancèrent dans le trafic de chair humaine. Néanmoins, au fil des ans, les bateaux portugais ne suffirent plus. Les Français, les Hollandais, les Espagnols et les Anglais trouvèrent, eux aussi, dans le commerce triangulaire, un moyen inattendu de doter leur trésorerie. Des financiers suisses investirent des devises pour acheter des bateaux et transporter des esclaves. Ensemble, ils vidèrent l'Afrique de ses habitants, transportant plusieurs dizaines de millions d'êtres humains, jeunes et en bonne santé, à travers les mers. Ces pauvres âmes, tel du bétail bon marché, furent déportées sur les terres du Brésil, de Cuba, de la Jamaïque, de Louisiane et d'ailleurs pour fournir la main-d'œuvre nécessaire à l'exploitation de ces pays.

Pendant des siècles, les Africains subirent le plus grand génocide de l'humanité. Sur les routes pédestres puis maritimes, sans un jour de répit, la mort et les cris de douleur accompagnèrent le chant des captifs dans une des pires, si ce ne fut pas LA pire page de l'histoire.

Vingt-cinq ans après l'abolition de l'esclavage qui eut lieu en 1865 aux USA, les chefs d'État européens fractionnèrent l'ensemble du continent africain en différents pays bien définis. Ignorant l'assentiment des autochtones ainsi que les conséquences qu'ils auraient à subir, ces envahisseurs se partagèrent le gâteau. Prenant dès lors le titre de colons, ils érigèrent des murs invisibles qu'ils appelèrent *« frontières »* et *« nouvelles nations »*, séparant ainsi des peuples qui vivaient ensemble depuis le commencement de l'humanité. Et même si la majorité d'entre eux put garder sa langue maternelle et instaurer pour ses enfants des écoles en Kikongo, Lingala ou Swahili, les tribus octroyées aux différents monarques d'Europe se retrouvèrent – *tels les Kongos* –, séparées dans leurs propres familles en deux, trois, quatre, voire davantage d'éléments distincts et politiquement étrangers les uns aux autres. Cependant, obligés de vivre avec leurs ennemis à l'intérieur de ces frontières imposées par les Occidentaux, ces hommes et ces femmes gardèrent leurs liens affectifs au-delà du temps et de l'espace. Et soixante-dix ans plus tard, cette politique malveillante se retourna contre le Portugal.

Une chose m'a toujours étonnée : l'assurance que ces colons, politiciens, scientifiques, religieux manifestaient devant Dieu et l'enfer promis aux non-croyants. N'ont-ils pas peur de la colère divine ? Ou sont-ils à ce point vaniteux que devant leurs actes, le sentiment de péchés ne les atteint même pas ? La haine subie par les noirs était telle qu'en Angola, des Portugais catholiques allèrent jusqu'à enterrer vivants des pasteurs protestants, baptistes, méthodistes, anglais, allemands ou hollandais avec leurs fidèles noirs. Combien de criminels ont ainsi fait allégeance à leur église ?

Si le Dieu de la Bible existe vraiment, je peux imaginer que ces êtres apprendront, malheureusement trop tard pour eux, c'est-à-dire après leur mort, que l'Éternel est capable de se montrer plus sourd que moi quand il le désire. Car c'est en lui, en son message d'amour et sa promesse de salut qu'il faut croire, pas en ces églises qui se jugent au-dessus de tout.

Et pour ceux qui ont des doutes quant à cette théorie, je dirais pour la défendre, qu'elle est mathématiquement logique vu que l'église est faite d'humains loin d'être parfaits. La preuve en est que si un jour, un auteur prenait le temps de rédiger un livre mentionnant toutes les souffrances provoquées par la foi et la lâcheté de trop nombreux croyants, qu'ils fussent chrétiens, juifs ou musulmans, la Bible serait à peine plus épaisse qu'une revue médicale devant l'énormité de cet ouvrage !

Parce que je posais des questions, on m'avait expliqué les détails : la prison pour les noirs, les tortures…

— *Pourquoi ?*

— *Pour les punir et les faire parler !*

— *Pourquoi ?*

— *Les Noirs se révoltent, car ils ont moins de droits que les Blancs. Alors qu'à la base, ce pays est à eux ! Les Portugais ont colonisé leurs terres et se croient tout permis. Ils les traitent mal. Donc, les Noirs se battent pour récupérer leurs droits et chasser les Portugais.*

— *Mais pourquoi est-ce qu'on les torture ? Cela ne suffirait pas de les tuer ?*

Eh oui, à 7 ou 8 ans, telle était ma logique : qu'on se batte et que le plus fort gagne, c'est une chose ! Mais pourquoi pousser la haine au point de torturer ceux qui veulent simplement retrouver leurs droits légitimes, l'égalité devant les lois et le respect de tous. Quant à moi je possédais déjà au fond de mon âme, une nette conception de la différence entre mort et torture.

Alors ma mère me dévoila ce que Manuel lui-même n'aurait pas eu la force de me dire :

— *Ils sont torturés lorsqu'ils sont attrapés, parce que les Portugais veulent savoir qui dirige la révolution et où ils se cachent.*

Et je le savais déjà, ces envahisseurs ne manquaient pas d'imagination pour faire parler les rebelles !

Ma vie a toujours été cousue de fils étranges qui tissaient d'étonnants liens sur ma route : bien des années plus tard, sans même avoir effectué de recherches, j'appris que le Zaïre[6] avait servi de point de ralliement à la révolution angolaise. C'est là qu'une partie des révolutionnaires trouvaient le repos entre deux attaques. Le peuple

[6]. Entre 1971 et 1997, l'actuelle République Démocratique du Congo portait le nom de République du Zaïre.

Kongo de ces régions n'allait pas trahir ses frères aux Portugais. Bien au contraire, il prit parfois les armes pour se battre à leurs côtés.

De là, dans les années 60, les premiers réfugiés angolais arrivaient chez nous. Et aujourd'hui encore, dans nos pays, sur nos continents que nous qualifions de *« civilisés »* et d'*« économiquement développés »*, les Noirs exilés pour diverses raisons tentent vaillamment de se faire une place, d'être reconnus comme des êtres semblables aux Blancs. Le fait que nous ayons banni le terme *« race »* de notre langage politiquement correct n'a pas tout aplani : en 2020, j'entendis encore des ségrégationnistes blancs du sud des États-Unis d'Amérique affirmer devant une caméra :

— *Les Noirs des USA devraient nous remercier, au lieu d'exiger les mêmes droits que nous.*

— *Pourquoi ?* avait alors demandé le journaliste

— *Parce que nous les avons arrachés à leur terre d'Afrique où ils mouraient de faim !*

Difficile d'imaginer les jeunes hommes du peuple Kongo, préférant l'esclavage dans les plantations de coton et de canne à sucre, où ils mouraient en masse, à la famine dans leur pays d'origine !

Pourquoi ? Regardez ce qui s'est produit au milieu du XVIIIe siècle, pendant que plus d'un million d'Irlandais mouraient de faim par la faute d'un champignon qui détruisit l'intégralité de leurs cultures de pommes de terre ! À cette époque et bien plus tard encore, un nombre incalculable d'Européens rejoignit les terres d'Amérique pour fuir la misère, tandis que les enfants d'Afrique dansaient et chantaient au soleil, le ventre nu, heureux et sans complexes. Parce que, chez eux, sous un climat tropical, même les *« mauvaises herbes »* produisent des fruits et des légumes délicieux !

Et dire que ce sont les descendants de ces indigents, pour la plupart catholiques, qui refusent, aujourd'hui encore, l'égalité aux personnes nées avec une peau brune !

Ce que je vais écrire est étrange et peut paraître paradoxal. Mais croire en Dieu, croire en la puissance d'amour du Christ, croire à la vie éternelle après la mort c'est aussi croire que l'enfer existe. Même si j'ai entendu beaucoup de commentaires, lu quelques livres sur ce sujet, j'ignore comment le tri sera fait aux portes de l'Au-delà. Je pense malgré tout que certaines personnes ne parviendront même pas à entrer dans « le tribunal céleste », tant une âme perdue par la haine, la vanité, la criminalité a du mal à trouver son chemin. Penser avoir des droits sur la vie des autres, comme mon médecin et la caisse invalidité, sans jamais demander pardon est dangereux ; juger son prochain, le condamner au nom de Dieu, se prendre ainsi pour son émissaire l'est tout autant !

Personne n'est parfait, chaque être humain moi y comprise, a sa part d'ombre qui le manipule. Mais cela n'enlève pas notre part de responsabilité devant certains choix. Une telle cruauté collective n'est pas une fatalité pour les coupables, c'est un choix ! Car, à en croire les évangiles, nous sommes tous nés aptes à faire descendre l'amour de Dieu sur cette terre pour les autres. Et comme Dieu vient s'asseoir auprès de chacun d'entre nous, il n'est pas nécessaire de passer par un intermédiaire pour recevoir sa grâce et entendre ses souhaits pour notre vie. Penser le contraire, c'est croire à un mensonge que certaines églises ont créé de toutes pièces, afin de garder un pouvoir de contrôle sur leurs fidèles. Par contre, ne reculons pas devant la solidarité et l'amour envers nos frères en Christ.

J'aurais pu écrire cela autrement, argumenter de manière appliquée et réfléchie, en me basant sur des textes bibliques. Mais je pense que parfois, la logique innocente des enfants est plus proche du cœur de Dieu que le raisonnement des adultes, même les plus érudits.

Il ne faut pas forcément sortir d'une faculté de théologie pour comprendre la base de la foi chrétienne.

Vous faites ce que vous voulez,
mais moi, après ma mort,
j'aimerais aller au paradis,
où je veux vivre avec de belles âmes,
où je veux entendre les anges chanter...
avec une ou deux oreilles, cela m'est égal.
Car, là-bas,
tout le monde m'aimera telle que je suis !

Dominique De Luca

Chapitre 9

Aimer quelqu'un,
c'est lui donner de l'importance à ses propres yeux,
l'aider à croire en lui-même.

Victor Hugo

Manuel m'apprit bien plus sur l'empathie humaine que tous les membres de ma famille réunis. Il était le seul en dehors de ma grand-mère, à montrer un plaisir sincère en me voyant apparaître. Heureux, il le manifestait avec une spontanéité et un sourire qui n'appartiennent qu'à l'Afrique.

Ma crinière blonde, mes petits yeux verts, tout ce qui faisait de moi un être différent de lui me donnait une valeur toute singulière à ses yeux. Et parce qu'une énergie particulière émanait de lui, je me sentais en sécurité lorsqu'il me prenait sur ses genoux, comme l'aurait fait un père ou un grand frère. Là, je glissais mes doigts dans ses cheveux crépus dont la consistance me déconcertait, tandis qu'il me montrait les dessins de son pays, qu'il réalisait sur des écorces de bouleaux. J'y découvrais les villages de cases et leurs habitants. Mais il m'a surtout enseigné que je pouvais être affectionnée et désirée telle que j'étais !

Le mur principal de notre balcon était fait de briques qui cachaient la vue. Mais sur le côté, il y avait des barreaux en métal laissant passer le soleil. Sans ce balcon et mon esprit de déduction, mais aussi sans un petit miracle de l'au-delà, jamais notre amitié n'aurait pu naître. Et que Dieu me pardonne, car cet ogre qui m'effrayait davantage que mes pires cauchemars était la première personne de couleur que je rencontrais. Or, comme tous les enfants du monde, j'imaginais encore à cette époque que tous les habitants de cette planète ressemblaient à ceux qui m'entouraient. Mais quelle idée d'être aussi noir ?

*« Comme s'il pouvait en être responsable ! » a*llez-vous me dire !

Et je crois alors pouvoir répondre en toute bonne foi, non dénuée d'un zeste d'humour !

— *Un peu quand même !*

Bien plus tard, j'appris que les enfants d'Afrique ont les mêmes réactions lorsqu'ils découvrent pour la première fois mes congénères blancs et s'effraient devant leur pâleur *« d'outre-tombe ».* Tout comme moi, ils s'imaginent parfois que nous sommes des fantômes capables de les dévorer ! La similitude de nos craintes pourrait prêter à sourire… si elle n'avait donné naissance à tant de racisme !

Sa peau d'ébène paraissant avide de chaleur, Manuel aimait se coucher en plein soleil avec, pour seul habit son costume de bain. Voulait-il bronzer davantage, garder pour lui le teint de ses ancêtres ? Alors qu'il était sur son balcon, allongé sur un lit de camp à quelques mètres de mon plan de jeu, je fis une découverte incroyable entre les barreaux qui nous séparaient : la paume de ses pieds était aussi blanche que la mienne !

— *Maman !*

En deux pas, je fus devant sa machine à coudre :

— *Oui, qu'est-ce qu'il y a ?*

— *Manuel a les pieds blancs !*

— *Oui, bien sûr. La paume de ses mains aussi est blanche.*

— *Alors cela signifie qu'il est aussi un peu comme nous ?*

Aujourd'hui encore, je suis fascinée par cette déduction enfantine qui n'avait rien à voir avec une pensée ségrégationniste, mais bel et bien avec un réel besoin d'identité, capable de m'apporter une bonne dose de sécurité.

— Tu sais, il est comme nous Manuel. Il n'y a que la couleur de sa peau qui est différente.

Visiblement ma mère oubliait ses cheveux, son rire, sa voix et surtout… ses dents ! Toutefois, ces spécificités qui étaient apparues monstrueuses à mon regard apeuré se transformèrent vite en grâces dès l'instant où mon voisin angolais perdit son statut d'ogre… grâce à la plante de ses pieds. Car s'il était *« un peu comme moi »*, je n'avais plus aucune raison d'avoir peur de lui !

Quarante ans plus tard, « *le grand hasard de la vie* » me fit comprendre que son odeur, ainsi que la couleur de sa peau s'étaient inscrites à tout jamais dans mon système cognitif, comme porteuses de sécurité et de félicité. Même si rien ne fut simple, là non plus.

Quelques années après ma découverte, mon ami aux paumes blanches sonna à notre porte, juste après le repas de midi pour m'offrir dans son innocence, un des plus beaux cadeaux de ma vie, en soixante ans, mes jours de vrais bonheurs sont tellement rares, que j'ai encore envie d'en rire aujourd'hui ! Désirant me faire profiter de la visite de trois amis angolais et de leur voiture, une WV coccinelle, Manuel proposa de me conduire à l'école. Pour la suite, je laisse à mes lecteurs et lectrices le plaisir de rendre les dialogues aux personnages de l'histoire :

— Non, mais… ça ne va pas ?

— Nous allons partir, de toute manière. Nous pourrions la déposer à l'école en passant !

— Non, elle n'a qu'à marcher !

— Je veux aller avec eux !

— C'est trop dangereux ! Tu n'as pas peur ?

— Non ! Je veux aller avec eux.

— Et s'ils ont un accident ?

— Je resterai sage et ils n'auront pas d'accident !

— Non ! De toute manière, il n'y a pas de place pour toi dans cette voiture ! Et puis, elle est trop jeune ! Vous serez trop serrés là-dedans !

— Mais je veux y aller !

— On va se serrer un peu pour notre princesse...

— ça ne va pas ! Vous êtes 4 ? Non, non, il n'y a vraiment pas assez de place dans cette voiture !

— Ce n'est pas un problème pour nous. On va lui trouver de la place jusqu'à l'école.

Il peut y avoir tant d'affection dans un regard, que je ne suis pas prête d'oublier le sourire d'empathie et d'encouragement que je reçus à cette seconde précise. Et alors que je me rappelle cette péripétie, une question pointe son nez :

— Pour quelle raison n'ai-je pas lutté autant dans d'autres circonstances ?

La réponse est élémentaire : ce jour-là, je n'étais pas seule à me battre ; j'avais un ami en chair et en os qui luttait avec moi et pour moi, contre l'autorité toute-puissante et rigide de ma mère. Quelqu'un qui avait pensé à moi et faisait attendre ses amis pour m'accompagner. Quatre hommes qui étaient prêts à se serrer dans une voiture pour moi...

Ce trajet fut un moment de pur bonheur, pour moi autant que pour mes compagnons de route. Ces Angolais étaient tellement fiers d'avoir une petite mundele *« blanche en lingala »* avec eux ! Une enfant à la peau claire qui ressemblait si peu aux enfants de leurs bourreaux !

Et moi, l'espace d'un instant, j'étais devenue une authentique princesse. Comme Cendrillon, quatre laquais me conduisaient en carrosse jusqu'à l'école ! Je suis toujours étonnée de voir à quel point certains souvenirs restent gravés à tout jamais dans nos mémoires. Mais je suppose que les jours où je me suis sentie si fière et désirée, vivante à 100 %, sont tellement rares qu'ils m'ont laissé de profondes racines…

Mais quel scandale ai-je provoqué par mon ingénuité et ma spontanéité ! Imaginez : nous étions en 1969. Cela faisait à peine une année que Martin Luther King avait été assassiné et trois ans que le parti des Black Panthers avait été créé. Quel genre de femme, divorcée de surcroît, pouvait laisser sa fille de 8 ans, seule avec quatre nègres et au vu de tous, dans une coccinelle où nous étions serrés comme des sardines ? Mais tellement heureux que cela même semblait indécent aux conformistes ?

Ma mère dut venir s'expliquer devant la directrice de l'école…

En revanche, aucun de ces bien-pensants n'a jamais été scandalisé par un chirurgien pratiquant des expériences sur la petite fille que j'étais alors ! Aucun n'a pensé à lui dire qu'il fallait cesser ces tortures inutiles et traumatisantes ! Et s'ils avaient offert l'asile politique à Manuel l'Angolais, ils préféraient l'ignorer tout comme ils préféraient ignorer la vraie raison de son exil. Pourtant, lui n'était ni un pédophile ni un mangeur de chair fraîche. Ça non ! D'ailleurs, dans son pays d'origine, de tels pervers se font assassiner encore aujourd'hui par la population, sans qu'elle n'en ressente le moindre sentiment de culpabilité.

Cette histoire a dû faire mousser une bonne moitié de la ville d'Yverdon ! J'exagère un peu, mais il est sûr que bien des regards étaient braqués sur nous… Et ce n'était pas pour me déplaire ! Je me souviens comme je me sentais bien et en sécurité avec eux ; ils riaient, mes chevaliers, aussi fiers que moi de cette aventure inédite ! En contraste avec leur teint, mes cheveux blonds et mes yeux verts n'avaient jamais paru aussi clairs que ce jour-là.

Toutefois, j'en suis certaine, c'est autre chose qui nous unissait : ce langage silencieux qui n'appartient qu'à ceux qui ont connu le goût amer de l'enfer !

Chapitre 10

Jaebets invoqua le Dieu d'Israël, en disant
« Si tu me bénis et que tu étends mes limites,
si ta main est avec moi et si tu me préserves du malheur,
en sorte que je ne sois pas dans la souffrance... »
Et Dieu accorda ce qu'il avait demandé.

1 Chroniques 4 :10

Maman et moi étions pauvres et avions peu de réconfort pour nous remonter le moral. Lorsque nous sortions du cabinet médical, nous ne pouvions même pas dépenser les centimes ou les francs nécessaires à l'achat d'un petit pain dans une boulangerie ou d'un chocolat chaud dans un tea-room. Et les enfants d'aujourd'hui auraient de la peine à l'imaginer, il n'y avait pas de Mac Donald à l'époque ! Nous allions donc tout simplement nous promener dans les rues de Lausanne. Je me souviens d'une galerie marchande et d'un passage en pente où il y avait toujours beaucoup de monde. Nous marchions jusque-là pour sentir la bonne odeur du café torréfié. J'adorais cette odeur et, dans mon esprit, c'était la fête ! Alors, au lieu d'un paquet de bonbons ou d'une limonade, trop chers pour nous, elle devint ma consolation pour me faire oublier, quelques instants, tous les malheurs du monde. Pas étonnant qu'aujourd'hui, je sois devenue accro au bon café !

Je sais que Maman ne mangeait pas beaucoup. Et pas besoin de dire que j'étais maigre à cette époque. Bien des années plus tard, ma mère me parla de ce temps où elle avait tellement manqué d'argent qu'elle ne pouvait m'offrir un petit pain.

— *Et*, avait-elle ajouté, *les jours où cette friandise aurait pu entrer dans mon budget, je ne t'en offrais pas, tant je craignais que tu me réclames un gâteau, à un moment où je n'aurais pas pu te le payer.*

Elle reconnut avec étonnement qu'en vérité, je ne lui avais jamais réclamé quoi que ce soit… comme si j'étais consciente que je ne devais pas le faire, pour ne pas provoquer de malaise. Si j'ai toujours eu la chance d'avoir un toit sur ma tête et un lit confortable et, même si j'ai toujours eu de beaux habits, cousus ou tricotés par une professionnelle, si je possédais des livres ainsi que des jouets reçus en cadeau par mon père et la famille de maman, j'ai appris, très tôt, que les mots *« envie »* et *« besoin »* n'avaient pas droit d'existence dans ma vie. Puis on m'enseigna qu'en luttant, tout en ajoutant un peu d'imagination, chaque être humain peut améliorer son quotidien. Et là, je n'avais pas fini d'apprendre ! Si la vie facile et confortable selon les critères de mon pays n'était pas pour moi, je ne devais jamais m'arrêter à ces détails matériels pour définir mon bonheur et aimer la vie.

Je me souviens du jour où mon beau-père nous emmena pour ramasser des pommes. En allant à son travail, il avait aperçu un arbre abandonné dont les fruits étaient en train de moisir sur les branches. Mais à l'instant où nous sommes arrivés, un homme est venu pour nous dire que cet arbre était sur une propriété privée, que la loi spécifiait que nous n'avions pas le droit d'en cueillir les fruits. Alors mon beau-père marchanda avec lui, pour nous permettre au moins de prendre les pommes déjà tombées et légèrement abîmées ! Ça, aucune loi ne nous l'interdisait. L'homme ne s'attendait pas à cette demande. Il partit sans plus rien ajouter. Et nous, au lieu de tendre les bras vers le ciel, nous avons plié l'échine pour récupérer ces fruits qui feraient, malgré tout, de délicieux gâteaux pour la famille nombreuse que nous étions à l'époque.

J'ai également appris qu'il était préférable pour une femme d'acheter des outils plutôt qu'une Xème robe. Que savoir cuire son pain avec de la farine complète rapporte davantage pour notre santé et celle de notre famille que d'aller acheter une baguette de farine blanche. Je ne sais pas cuire une entrecôte de bœuf, mais mes ragoûts et mes plats de poulet sont délicieux, tout comme mes tartes maison, mes potées de lentilles et mon chili-con-carne végétarien. Car s'il y a bien une richesse que personne ne peut nous voler, c'est notre savoir-faire autant que notre humilité.

Et si tu possèdes déjà tout, que voudrais-tu chercher à créer par toi-même ? Rien !

Nous devons apprendre à construire notre vie, avec ce que nous possédons, dans la situation qui est la nôtre, sans pour autant en être malheureux… Pourquoi l'aurais-je été d'ailleurs ? En m'éloignant de mes semblables, ma solitude et mon handicap m'ont préservée de toutes envies de comparaison, de ce besoin d'être comme X ou Y. Quand j'étais en séjour à l'hôpital, en particulier lorsque je partageais ma chambre avec des grands brûlés, j'ai vite compris que je n'étais pas la seule à souffrir, qu'il y avait pire que moi. Peut-être même que cela m'a aidée à faire des choix courageux, que peu de femmes auraient faits, comme celui d'aimer et d'épouser un requérant d'asile sans travail, à un âge où même les Suisses ne trouvent plus d'emploi.

Ce qu'il y a de merveilleux pour les enfants pauvres, c'est que le moindre changement de régime ou de programme devient une fête ! Eh oui, je n'avais que 7 ans lorsque j'ai eu la chance incroyable d'aller au cinéma pour découvrir Cendrillon. Quel luxe, quel rêve et quel voyage pour nous qui ne possédions pas de télévision ! Quel plaisir ai-je ressenti ce jour-là, en regardant les petites souris exécuter le même travail que ma maman, afin de permettre à Cendrillon de participer au bal dont ses sœurs l'avaient exclue ! J'étais tout émue en écoutant chanter les oiseaux venus lui tenir compagnie, alors qu'elle se sentait seule et triste. Mais ce chat… et ces deux sœurs… ce qu'ils pouvaient être méchants ! Heureusement que la marraine de Cendrillon, la bonne fée était là pour la secourir avec sa baguette magique !

Moi aussi j'avais une marraine. J'en étais fière, mais je ne me souviens pas qu'elle ait levé le petit doigt pour moi ou soit venue me visiter à l'hôpital pendant toutes mes opérations. Pourtant, elle n'habitait pas très loin de Lausanne. Et de toute manière, elle n'avait pas de baguette magique…

Les seules richesses que ma maman possédait étaient sa radio, son savoir-faire et sa machine à coudre. Ce qui est bien avec la radio, c'est que nous pouvons écouter des histoires et de la musique tout en jouant ou travaillant de nos mains. Couturière diplômée, jamais Maman ne se reposait. Et pendant que ses mains coupaient, pliaient, cousaient, son *« poste »*, comme on disait alors, l'accompagnait toute la journée. C'est inouï la quantité de choses intéressantes qu'elle y a apprises en cousant pour ses clientes. Et jamais elle ne manquait d'écouter sa pièce policière diffusée chaque lundi soir sur *« Radio Sottens »*.

Ma maman travaillait beaucoup. Très souvent, parce qu'une cliente venait essayer un habit après le travail, elle n'avait pas le temps de prendre le repas du soir et parfois de midi avec moi. Je devais alors préparer mon souper toute seule. Il était couramment constitué d'un yogourt à l'ananas et accompagné d'une simple tranche de pain. Ces jours-là, je devais me débrouiller pour chauffer moi-même ma tasse de lait. Je n'étais pas très âgée, car bien que je sois de grande taille, je ne voyais pas l'intérieur de notre petite casserole. Je me souviens avoir demandé, perplexe :

— *Mais comment est-ce que je fais pour voir si le lait est chaud ?*

— *Tu n'as qu'à regarder au-dessus de la casserole. Quand tu vois de la vapeur, c'est que ton lait est chaud, Tu n'as plus qu'à éteindre la plaque, puis à prendre la casserole par le manche et verser le lait dans ta tasse !*

Ce n'était pas plus compliqué que ça ! Et comme je ne me suis jamais brûlée, j'ose affirmer que je n'ai pas appris à me débrouiller dans une cuisine par hasard !

Il est possible que certaines réparties maternelles à mon encontre puissent choquer quelques lecteurs. Mais savez-vous qu'un jour, une camarade d'école retrouvée lors de mon apprentissage m'a déclaré avec conviction :

— *Toi, quoi qu'il arrive dans ta vie, tu sauras toujours t'en sortir ! Moi pas ; j'ai été trop gâtée dans mon enfance !*

Donc, si je comprends bien la leçon, avoir été gâté dans son enfance, avoir eu des parents aimants, protecteurs, assez fortunés pour pouvoir manger sainement et en quantité suffisante, n'est pas toujours un cadeau pour affronter la vie ?

Comment se fait-il alors que beaucoup de malheureux pensent le contraire ?

Chapitre 11

On ne peut pas changer les gens, tu sais.
On peut juste leur montrer un chemin
Puis leur donner envie de l'emprunter.

L. Gounelle

J'avais 4 ans lorsque la souffrance physique, l'abus, le non-respect de ma volonté et de mes besoins ont commencé à devenir la norme pour moi.

Dieu qu'il n'était pas gentil, mon médecin ! Qu'il s'agisse de changer mes pansements ou dans la salle d'opération, il fallait que les choses *« bardent »*, comme on dit chez nous : qu'elles avancent à son rythme, sans lambiner inutilement. Me consoler, exprimer de l'empathie aurait pris trop de temps ! Ce chirurgien ORL n'avait rien d'un pédiatre : son matériel était celui d'un adulte pour des adultes, ses gestes aussi ! Le seul objet quelque peu ludique de son cabinet médical était cette chaise sur laquelle je devais grimper, puis qu'il élevait en appuyant sur une pédale jusqu'à ce que mon oreille en devenir se trouve enfin à la hauteur de son nez.

Lorsqu'il finissait de soigner les plaies de mon crâne, il retirait de mes cuisses les bandes et les gazes humides qui collaient là où il avait dépecé des morceaux de peau pour les greffer sur mon oreille. Ce brave homme, en qui Maman mettait tout son espoir pour me rendre

« normale », portait le même prénom qu'un des plus grands criminels de l'Histoire. J'avais entre 9 et 10 ans la dernière fois que j'ai vu mon bourreau, mais je me souviens avoir fait ce rapprochement entre les deux hommes :

— *Si Adolph Hitler a tué tant de gens, pourquoi ce docteur garde-t-il son prénom ? N'a-t-il pas la possibilité d'en changer ?*

J'avais posé cette question à ma mère, qui en était restée bouche bée. Aujourd'hui, je pense encore qu'ils devaient avoir autre chose que leur prénom en commun ces deux-là : un narcissisme surdimensionné, provoquant une ambition personnelle capable d'aller jusqu'au mépris de la vie d'autrui. De ses propres soldats autant que du peuple juif pour Hitler et de tous ceux qui se mettaient en travers de son chemin pour cet autre Adolph !

Avaient-ils tous deux, au départ, de réelles bonnes intentions ? L'un pour moi autant que l'autre pour l'Allemagne ? Tous deux croyaient-ils tellement à leurs convictions qu'il ne leur est jamais venu à l'esprit que certains pouvaient être heureux dans un monde parallèle au leur ? Dans tous les cas, l'un comme l'autre, ces deux Adolph savaient se vendre, au point qu'un peuple entier suivit Hitler, tandis que la Caisse Invalidité et d'autres suiveurs cautionnèrent mon tortionnaire !

Deux héros qui s'étaient donné pour mission de libérer des êtres humains d'un ennemi désigné d'avance. Mais doit-on être libéré de cette manière et à ce prix d'un handicap comme le mien, par la souffrance et le mépris de mon intimité ? Quitte à provoquer une quantité incroyable de cicatrices sur ma peau, autant que dans mon esprit et mon âme ? Pourquoi n'ont-ils pas attendu que je grandisse et donne mon accord ? Que je puisse peser le pour et le contre, assumer les séquelles de mes choix au lieu de subir celles de leurs seules décisions ! Car en vérité, depuis mes 4 ans et jusqu'à aujourd'hui, c'est moi qui dois supporter les effets secondaires de toutes ces opérations, sans qu'elles n'aient rien apporté de positif.

Bien au contraire, ces stigmates ont provoqué la méchanceté, parfois à la limite de la cruauté de nombreuses personnes contre moi. J'avais 57 ans lorsqu'une chef de personnel et de soins me soupçonna ouvertement et avec malveillance d'avoir des problèmes au niveau de ma sexualité. Mon erreur, selon ses préjugés : mon hypersensibilité vis-à-vis de personnes âgées, qui inconsciemment me rappelaient ma grand-maman et ses sœurs ! Puis, j'avais 60 ans la dernière fois que j'ai entendu une collègue émettre des remarques blessantes sur mes stigmates qui émergeaient, par mégarde, de mes cheveux alors que je portais un masque et une visière pour me protéger du coronavirus. Et le même âge encore, lorsque j'ai rencontré le regard écœuré d'une infirmière devant mes cuisses recouvertes de cicatrices, tandis que je me déshabillais pour revêtir mon uniforme.

Aujourd'hui, alors que mon ouïe me fatigue, je ne regrette qu'une seule chose : ne pas avoir appris la langue des signes lorsque j'étais plus jeune, pour compléter mon oralité. Mais à cette époque, même les sourds profonds avaient interdiction de l'apprendre. Moi… il me reste à déplorer qu'elle ne soit toujours pas basiquement enseignée dans nos écoles, puisqu'elle est une forme d'expression française, indispensable pour beaucoup, au même titre que l'écrit, le parler… et parfois plus que la musique ou le dessin !

Ceci dit, *« toute cassée »* que j'aie été, il est important de noter que je ne suis pas sourde, mais **malentendante** ! Et j'en suis infiniment reconnaissante, à chaque fois que je peux écouter de la musique ou entendre des oiseaux chanter.

Avant chaque intervention, une infirmière rasait une partie de mes cheveux, afin qu'ils n'entravent pas le travail du chirurgien. Mais une semaine après mon retour à la maison, celui qui m'avait opérée remplaçait mon turban par un autre gros pansement fait de gaze blanche et de sparadraps qu'il collait tout autour de mon oreille pour protéger son œuvre, sans égards ni précautions pour le duvet qui repoussait.

Dans les années 60, des bandes de toile beige, épaisses et imbibées de poix collante assuraient l'étanchéité de tout pansement. Les compresses et autres matières déposées sur les plaies pouvaient être tranquilles : ces sparadraps tenaient et protégeaient bien ! Rien à voir avec ce qu'on fabrique aujourd'hui ! Ils n'étaient ni antiallergiques ni truffés de petits trous pour laisser respirer la peau. Faute de mieux, la médecine ne manifestait pas beaucoup d'égards pour le confort des patients… ni pour celui du personnel soignant, d'ailleurs !

Et lorsque le médecin changeait mes bandages, c'était ma peau et mes cheveux qui s'en allaient cruellement, en même temps que ce sparadrap collant et épais. Mais les cheveux repoussent vite, n'est-ce pas ? Bien évidemment, cela faisait mal ! Je pleurais et reculais… Et lui sans beaucoup de tendresse s'énervait, impatient !

Où était ma maman à ces moments-là ? Pas à côté de moi dans tous les cas ! L'avait-on priée de retourner dans la salle d'attente ? Attendait-elle dans un coin que mon bourreau ait fini de me torturer ? Lui n'aurait de toute manière pas eu l'empathie nécessaire pour l'apaiser ni pour comprendre que sa présence aurait changé quelque chose pour moi. Mais elle, Maman, y avait-elle pensé ? Certainement pas ! Tenir la main d'un enfant qui souffre ne se faisait tout simplement pas dans son monde. Personne ne tenait la sienne, alors pourquoi la mienne ?

Je me souviens de ce lendemain d'opération, couchée sur mon lit d'hôpital, avec ce besoin si grand d'être consolée, de me sentir protégée. J'avais pris la main de ma maman pour la porter contre ma joue. Elle l'avait retirée aussitôt, comme si le contact de ma peau l'avait brûlée. Puis elle affirma sur un ton agressif :

— *Non, cela ne se fait pas !*

Cette petite phrase assassine et ce comportement m'ont enseigné à avaler mes larmes au lieu de les montrer, à me cacher comme un animal blessé pour souffrir loin des autres humains. Je n'ai plus jamais quémandé le moindre geste de tendresse ni de consolation, puisque le réconfort n'existait pas pour moi sur cette terre. Et que seuls le travail, l'ordre et la force semblaient avoir de l'importance !

Finalement, j'ai appris que je ne méritais pas l'amour et la bienveillance des autres ! D'ailleurs, comment pourrait-on aimer un corps en putréfaction ?

Qui était cet homme en face de moi, qui a détruit une partie de ma vie ? Un médecin ou un général de guerre, se moquant des conséquences psychologiques de ses actes sur ses patients ? Avant d'écrire ces mots, je n'avais jamais imaginé qu'un papa présent et aimant aurait pu casser le nez de ce salopard pour lui apprendre à me respecter en tant qu'être humain à part entière. Mais voilà, mon père ignorait jusqu'aux dates de mes opérations ; il lui était même interdit de venir me visiter, alors qu'il habitait dans la ville où ces murs d'hôpitaux m'ont vu grandir. Du coup, il n'y avait personne pour me tenir la main, me défendre, personne pour me protéger non plus.

C'est juste incroyable ce qui se passait à cette époque : un papa comme tous les autres papas du monde, mais à qui on avait enlevé le droit de visite, avait l'interdiction de dire quoi que ce soit sur les opérations subies par sa fille. Comment, aujourd'hui, imaginer une injustice pareille ? Et pourtant, c'est arrivé !

Quant à moi, je sais une chose : j'étais seule, irrémédiablement seule ! Mon corps, mon esprit et mon âme étaient à la merci du docteur

Adolph. Il pouvait faire de moi ce qu'il voulait. Et jusqu'à aujourd'hui, personne n'est arrivé à me faire admettre le contraire !

La Seconde Guerre mondiale avait cessé depuis vingt ans et plus. Mais qu'est-ce qui me dit que mon chirurgien n'avait pas pris, pour lui aussi, une portion de cette mentalité nazie ? Pour ces fanatiques, seule la race parfaite, définie selon des critères très limités, avait droit de cité. Mais qui peut se permettre de poser des jalons dans un tel domaine ? Et il y a pire que çà. Car même, si pour rester politiquement corrects nous avons diabolisé cette monstrueuse machine à tuer, le nazisme n'est rien d'autre que le reflet concentré d'une certaine mentalité humaine.

Cette remarque choque assurément beaucoup de personnes. Pourtant, il suffit de tellement peu pour être mis en marge de la société, pour provoquer le jugement, le rejet ou la haine de nos concitoyens. C'est vrai, les loups n'acceptent dans leurs rangs que ceux qui sont capables de hurler comme eux.

À l'église, je me souviens encore de certains anciens – *donc, bien entendu, tous de « bons chrétiens », ce qui signifiait qu'ils faisaient « toujours-tout-juste », selon LA parole de Dieu* –, proclamant d'un ton pincé :

— *Si on est chrétien, on ne fume pas, on ne s'habille pas de telle ou telle manière, on ne fait pas ci ni ça !*

Dieu, que la liste de tes obligations est longue, tandis que l'amour et la joie tellement rares !

— *Mais voici le fruit de l'Esprit : amour, joie, paix, patience, bonté, bienveillance, fidélité, douceur et maîtrise de soi !*

Et ça, ce n'est pas moi qui le dis, mais l'apôtre Paul[7] !

Et si, tous ensemble, l'on revoyait un peu la logique de ce monde ?

[7]. Galates 5,22-23.

Chapitre 12

... Qu'il soit noir ou blanc, ...
Qu'il soit né d'amour ou par accident,
Malheur à celui qui blesse un enfant.

Enrico Macias

A ma peur du *« Monsieur le docteur »* se mêlait aussi celle des outils nécessaires à la torture d'un être humain : scalpels, pinces, seringues accompagnées d'aiguilles longues, si longues pour mon petit regard... puis les odeurs de désinfectant dont le contact brûlait ma peau... plus..., toujours plus ! Une fois qu'il avait enlevé les sparadraps, je le regardais décoller des morceaux de gaze purulente et nauséabonde de mes plaies, pendant que mes petites mains se cramponnaient aux accoudoirs de sa chaise. *« Le simple fait d'écrire ces quelques mots provoque en moi des sueurs froides »* Je l'écoutais rouspéter, jamais content, parce que j'avais gratté ce qui me démangeait trop... ou parce que ses greffes ne se fixaient pas, ce qui signifiait que *« SON oreille en devenir »*, celle qu'il voulait m'imposer à tout prix et donc MES plaies, se nécrosait à fur et à mesure qu'il tentait ses expériences.

Et lui, au lieu d'accepter la réalité, au lieu d'entendre, d'écouter le refus que mon corps et peut-être mon esprit, mon âme aussi, opposaient à ces tentatives de reconstruction, il insistait, encore et encore !

« Reste sage, surtout ne bouge pas, ne crie et ne pleure pas, lorsque nous enfonçons des aiguilles dans tes petits bras, cherchant tes veines avec peine. Tais-toi et serre les dents lorsque nous changeons tes pansements en arrachant tes cheveux au passage. »

Par chance pour les enfants de ce siècle, la médecine a fait d'énormes progrès, dans la communication comme dans la finesse des aiguilles. Aujourd'hui, il existe même de petits sparadraps que l'on colle sur le bras des enfants avant de les piquer, afin d'anesthésier l'endroit… Quel luxe !

Rester passive, sans émotion ni autre sentiment, sans réaction à la douleur pendant qu'il utilisait mon corps pour faire avancer *« NOTRE Science »* : voilà ce que m'a enseigné le Docteur Adolph M… !

« Surtout, accepte ce que nous, adultes, avons décidé pour ton bien. Et si tes greffes se sclérosent, c'est uniquement parce que tu es une sale gamine qui ne peut s'empêcher de mettre ses doigts sur ce qui fait tellement mal, sur ce qui démange tant ! Alors pour te punir, on recommence… »

Certaines infirmières, plus gentilles, moins impatientes que mon chirurgien s'équipaient d'une paire de ciseaux et prenaient le temps de couper les cheveux qui tiraient, entre les sparadraps et ma peau, au lieu de tout arracher. En revanche, leurs injections, avec leurs insupportables puanteurs, étaient tellement douloureuses !

Mais finalement, est-ce que les seringues et les produits qu'on m'injectait avaient une odeur ? J'ai le sentiment que oui. Alors qu'en réalité, c'était assurément le désinfectant tout autant que ma peur qui sentaient mauvais, dès que ces dames entraient dans la chambre avec leur petit plateau, recouvert de ces instruments de torture. Et pourquoi me piquer plusieurs fois par jour ?

Puis un jour, je fus assez grande pour essayer de marchander. Mais je compris bien vite que c'était peine perdue. Je ne pouvais y échapper :

— *Dominique, le médecin ordonne ces injections pour soulager tes douleurs. Nous ne pouvons pas lui désobéir.*

Elle disait çà, alors que c'étaient justement ces piqûres qui attisaient ma souffrance. Certes, l'aiguille s'enfonçant dans mes fesses d'enfant était douloureuse, mais ce n'était rien en comparaison de la brûlure provoquée par le produit qui s'insinuait dans mon corps. J'avais beau faire entendre ma logique d'enfant :

— *Mais si vous ne lui dites rien, il ne saura pas que vous ne m'avez pas fait cette piqûre !*

L'une d'entre elles finit par me confier :

— *Ton médecin contrôle tout. Il compte les ampoules qui restent pour s'assurer que nous te les injectons !*

Tout au long de ces jours, de ces années de traitement médical et d'incompréhension, pas un seul membre de ma famille, pas un seul professionnel, ne s'est agenouillé près de moi pour m'expliquer que rien de tout cela n'était de ma faute. Que je n'étais pas responsable de mon handicap ni du fait que les greffes ne prenaient pas… pas plus que du divorce de mes parents ! Que ce n'était pas de ma faute, si ma maman était triste ou dure, voire méchante, parce qu'elle refusait de s'abandonner à ses émotions.

De la même manière, personne n'a jamais su remarquer que, malgré ma peur et les douleurs que j'endurais – *ou à cause d'elles, peut-être* –, mon cœur s'appropriait la vaillance d'un petit Sioux. Que mon âme se rapprochait de toutes ces âmes torturées et remplies de courage, de fierté même dans leur volonté de ne pas montrer leur faiblesse à l'ennemi. Qui a vu que j'agissais ainsi, par amour pour Maman, pour la protéger, pour ne pas lui provoquer de peines supplémentaires ?

D'ailleurs, à 4, 6 ou 7 ans, que pouvais-je comprendre des risques de rejet et d'infection ? Néanmoins, aujourd'hui encore, je suis persuadée que ces dames, luttant pour m'administrer mon traitement, ne me disaient pas toute la vérité. Cependant, j'avais compris une chose primordiale : le docteur était roi ! Et cet homme en blanc avait le pouvoir de me faire souffrir à sa guise. Toutes ses subordonnées lui obéiraient, quelles qu'en soient les conséquences pour moi !

Supplice ces injections brûlantes qu'il m'imposait, supplice le changement de mes pansements… mais aussi supplice lorsque je marchais et plus encore, lorsque je montais ou descendais des escaliers. Là, cette douleur lancinante me brûlait, tirait sur ma peau sans lui laisser le temps de guérir !

Mais par malchance pour moi, ma grand-maman que j'aimais si fort, et chez qui nous allions passer le week-end après mes opérations habitait à Sainte-Croix, au quatrième étage d'une maison typique des montagnes jurassiennes. Une bâtisse construite pour affronter les longs hivers de cette région, mais dont l'accès à l'appartement était douloureux pour mes jambes lacérées.

Affectueuse, Grand-Maman m'attendait sur le palier de sa porte, m'encourageant à gravir les marches. Ses manifestations d'amour me donnaient la force et le courage de la rejoindre. Malheureusement, elle nous a quitté beaucoup trop tôt, le 4 juin 1966, après une attaque cérébrale. Elle s'en alla au paradis des bonnes âmes, me laissant seule avec mes ours en peluche ! Avait-elle trop souffert, trop lutté dans sa vie ?

Quant à moi, j'ai dû continuer ce chemin de croix sans son soutien, ses bénédictions et ses encouragements, et surtout sans sa tendresse et son amour.

Pourquoi est-ce que mon ordinateur se mouille soudain d'une eau salée.

Chapitre 13

La seule chose importante, quand nous partirons,
sera les traces d'amour que nous aurons laissées.

Albert Schweitzer

Chaque retour à l'hôpital s'accompagnait d'angoisses terribles, réduites au silence par ma volonté de ne pas flancher sous le regard maternel. Son inquiétude cachée derrière un masque de sévérité et peut-être une hérédité de résilience face à l'adversité me rappelait constamment au courage.

Après mon dernier repas de condamnée, j'avais droit au jeûne complet, pour une période de vingt à vingt-quatre heures. Je me souviens avoir eu tellement soif, avant et après mes opérations ! J'exprimais mon besoin à voix haute, mais je ne demandais pas à boire ; à quoi bon ? Pourtant, un jour, cette soif fut telle que je trouvai le courage d'insister, encore et encore. Et pendant qu'un homme la blâma pour son geste de compassion, une infirmière s'en alla mouiller un morceau de tissu, qu'elle me donna ensuite à sucer pour adoucir ma bouche desséchée. Un beau geste d'empathie resté gravé dans ma mémoire, alors que, sans aucune mansuétude, d'autres hommes souillaient à vie mon corps et mon âme d'enfant.

C'est long une vie ; cela peut induire beaucoup de larmes et de questions !

Au matin de l'opération, j'attendais, seule, jusqu'à ce qu'on vienne me chercher avec un brancard de transfert. Tout semblait conçu pour faire monter mon angoisse au point que maintenant, par le biais de ce souvenir, il me semble pouvoir ressentir dans ma chair une partie des émotions vécues par un condamné à mort, aux heures précédant son exécution : nu sous ses vêtements de prisonnier, 100 % à la merci de ses bourreaux, sans aucune possibilité de revenir en arrière, de stopper ce mécanisme qui le réduit à néant ! Quoi de plus horrifiant ?

Puis des inconnus arrivaient dans la chambre et me demandaient de quitter mon lit pour monter sur leur civière. Ils me conduisaient à travers les couloirs de l'hôpital, après qu'une infirmière ait confortablement installé mon ours en peluche sur mon oreiller, pour la précieuse minute où je reviendrais de la salle d'opération. Il était bien le seul à m'apporter un peu de réconfort pendant tous ces séjours, qui n'avaient d'hospitaliers que le nom.

C'est incroyable ce que des couloirs peuvent être froids et interminablement longs ! Évidemment, j'avais déjà reçu ma première injection. Les adultes en blouses blanches craignaient peut-être que je saute de ce lit roulant pour m'échapper !

— ***Sois sage et obéissante ! Nous voulons prendre la place de Dieu en réparant ton corps handicapé, puisque tu n'as pas été capable de naître avec deux oreilles, comme tout le monde ! Et pour te prouver notre engagement, nous allons le faire à plusieurs : chirurgien, assistant, anesthésiste, infirmières, instrumentistes…***

Et j'en passe !

— ***Et comme nos interventions échouent les unes après les autres, nous allons recommencer, nous servir et opérer sur ton corps, arracher ta peau, encore et encore. Car ta mère, encouragée par les progrès de la science, est venue offrir tes chairs sans défense à notre médecine toute-puissante, à ce praticien fier et arrogant qui n'accepte pas les échecs. Et, ton père n'étant pas là pour te défendre***

et t'accompagner, puisqu'il a été déchu de ses droits parentaux, d'autres hommes pourront se mettre à l'œuvre, signant leur besogne par de nouvelles cicatrices. Quant à toi, sache que tu n'as rien à dire. C'est ton corps et ta vie, mais ils nous appartiennent ! Alors… ne te rebelle pas, reste calme et soumise à notre sainteté. C'est pour ton bien, après tout !

Voilà ce que j'entendais en mon for intérieur ! Mais ils oubliaient de préciser une chose importante :

— ***Ne te rebelle pas pendant que nous soustrayons une partie de ton âme, que nous imprégnons à tout jamais ton esprit et chacune de tes cellules de nos mensonges ignobles… !***

Je n'avais aucune raison de me révolter, que ce soit contre mon médecin ou contre Maman. D'ailleurs, quand on aime sa maman, on veut lui faire plaisir, n'est-ce pas ?

— *Pourquoi ça ?*

— *Mais simplement parce que tout être humain a besoin de se sentir aimé !*

Alors on se comporte de manière à attirer à soi cet amour, vital pour la survie. Particulièrement lorsque le papa est absent et qu'on a reçu, à la place d'une image paternelle aimante, celle d'un presque criminel.

Je sais que cette théorie peut paraître larmoyante pour certaines personnes. J'en ai rencontré, de celles-là… Il vaut mieux leur pardonner ! Car un être humain qui a appris le respect de sa vie, de son corps comme de son esprit, dans le regard de ses parents et de son entourage, ne peut pas imaginer ce que vivent ceux qui ont été bafoués, humiliés, blessés dans leur être tout entier.

Et Dieu pendant ce temps ? Où était-il au cours de toutes ces années ? Est-ce lui qui a donné l'idée fabuleuse à mon chirurgien d'enlever la peau située entre mes cuisses et mon ventre ? Puis de recoudre la plaie dans le pli de l'aine. De sorte que ces cicatrices, plus épaisses que les autres puisqu'elles portent des empreintes de sutures, me démangent aujourd'hui encore à chaque fois que je porte un slip un peu trop serré à cet endroit. Si ces marques ne se voient pas lorsque je suis en costume de bain, elles m'ont apporté, elles aussi, des désagréments tout au long de ma vie.

Dans les années 60, une salle d'opération était un monde à part : tout à la fois *« pas grand-chose »* et *« le commencement de l'Apocalypse »*. À l'époque, il n'y avait pas de petite pièce pour accueillir puis endormir les patients. À la place, il y avait cette lampe immense qui trônait au-dessus de ma tête et limitait mon champ de vision ! M'aveuglant presque, elle offrait l'avantage de capter mon esprit et de détourner partiellement mes pensées de tout ce qui se tramait autour de moi.

Néanmoins, tous mes sens étaient en éveil. Les émanations de produits chimiques et de désinfection étaient plus démoniaques encore que partout ailleurs dans cet hôpital ! Et, comme la mort artificielle qu'on allait bientôt m'administrer, la table d'opération réussissait à être plus froide encore que les draps du brancard ! Dans cette pièce, aux murs couverts de carrelage, m'attendait un concentré de personnes plus important qu'ailleurs ! Des humains ? Je devrais dire plutôt, des ombres chinoises masquées et coiffées d'un bonnet. Afin peut-être, que je ne les reconnaisse pas ?

Tout un escadron revêtu de tabliers. J'entends encore leur voix. Grâce à elles, je savais qu'il y avait au moins une ou deux femmes. Elles enlevaient ma chemise avant de me recouvrir d'un drap vert, puis elles me portaient sur cette table où l'anesthésiste commençait aussitôt à m'attacher. Car il ne fallait pas tarder ; le chirurgien en chef attendait ! Et on ne faisait pas attendre sa Seigneurie et son assistant ! Cette fois ça y était : j'étais à leur merci, nue et ligotée, les bras en croix !

Expliquez-moi : pourquoi est-ce que dans cette maison, tout était blanc, sans vie, sans joie, sans couleur, sans espoir, alors qu'ici, dans cette seule pièce tout était vert et sentait la mort ? Pourquoi devaient-ils sangler mes jambes et attacher mes petits bras sur leur table ? Pourquoi appliquer sur mon visage ce masque en caoutchouc qui m'envoyait dans l'au-delà ? Pourquoi étaient-ils si nombreux devant mon corps de petite fille ?

Pourquoi ont-ils détruit ma vie ?

Ces « professionnels » mandatés et payés par la Caisse-Invalidité endormaient un enfant à l'éther, tout en enfonçant des aiguilles dans ses petits bras. ***Éther :*** *substance chimique capable de provoquer des addictions et autres dérangements physiques autant que psychiques !*

J'étais prisonnière d'une norme prescrite par des raisonnements d'adultes, loin de toute compassion de la part des tortionnaires qui m'attachaient bras en croix sur leur table d'opération. Brave comme un enfant Sioux qui lutte contre la panique, je les regardais enfoncer des aiguilles dans mes veines. À mon réveil, mes bras tout maigres étaient recouverts de petits hématomes. J'entends encore ma mère s'exclamer :

— *Mais combien de fois doivent-ils piquer pour une simple opération ?*

Ils ne viendront jamais devant nous pour lui répondre. Moi, j'avais le sentiment de mourir en étouffant. Il faut dire que, là aussi, jamais personne n'a pris la peine de m'expliquer le processus d'une narcose. Alors, poussée par mon instinct de survie, j'essayais de ne pas respirer ce poison, de lutter pour vivre encore un peu. Mais comment résister ? Cette sensation d'étouffement restera à tout jamais un de mes pires traumatismes.

Vous, je ne sais pas. Mais là, moi, j'ai envie de me servir un bon café et, pourquoi pas, un verre de cognac !

Que feriez-vous pour oublier des souvenirs comme ceux-ci ? Pour ma part, je me pose devant mon poste de télévision et j'hiberne, loin de la planète Terre !

Chapitre 14

Oh Grand Esprit ! Aide-moi à ne jamais juger un autre
avant d'avoir chaussé ses mocassins
pendant au moins dix lunes.

Prière lakota

Avez-vous déjà vu votre maman en larmes tandis qu'elle se voit dans l'obligation de décoller un pansement posé par un médecin ? Une bande adhésive de quinze centimètres cimentée sur votre peau, serrée comme un corset qui fait le tour complet de votre torse. Et collante au point qu'elle arrache votre épiderme jusqu'au sang, dès qu'on essaie de l'enlever !

Mais qu'est-ce qu'un pansement compressif faisait à cet endroit ? J'avais 6 ans et personne ne m'en avait expliqué la raison. Personne ne m'avait dit que je me réveillerais avec un bout de côte en moins. Ces détails n'avaient pas d'importance pour ceux qui traitaient mon dossier. On le sait, mon corps ne m'appartenait pas. Il était leur propriété et pour moi, un étranger vendu par la Caisse-Invalidité au système médical de l'époque. Je n'étais alors qu'une chose que l'on torturait selon l'humeur ou les besoins du moment… et Maman en subissait les effets !

Je parle là d'un des souvenirs les plus douloureux de ma vie. Il est ancré au plus profond de mon âme, comme un coup de poignard.

Il en serait sans doute de même pour beaucoup de victimes. Un de ces traumatismes qui peuvent briser votre cœur et votre esprit, en vous offrant la cruelle occasion d'imaginer ce que peuvent être les souffrances administrées dans certains pays, sous certaines dictatures !

Et soyez assurés de ceci : bien que j'écrive instinctivement ces quelques mots, c'est-à-dire en les laissant s'inscrire, comme des larmes qui sortent d'elles même de mon esprit. Car, en y réfléchissant, je n'y arriverais pas… Et je n'exagère en rien sur ce que j'ai vécu !

Je ne fabule pas non plus, lorsque je dis que ce jour-là, alors que je la regardais pleurer dans le train qui nous ramenait à la maison, quelque chose s'était cassé en moi comme dans ma relation avec elle. Me sentant coupable devant ses larmes, convaincue que je ne pourrais plus jamais me le pardonner, j'ai soudain et viscéralement pris conscience de faire souffrir mon entourage. Il m'avait alors semblé tellement logique d'en assumer les conséquences : je sus que je devrais désormais me comporter comme si mes souffrances n'existaient pas. Que ma mission sur terre serait de supporter mes tourments avec le cœur et le courage d'un adulte. Je n'avais pas encore compris qu'il y avait tant de lâches parmi eux !

Vous pourriez me présenter maints arguments pour tenter de me persuader de la fausseté de mon raisonnement. Cette prière des Sioux Lakota porte en elle ma réponse :

— *Oh, Grand Esprit, aide-moi à ne jamais juger un autre avant d'avoir chaussé ses mocassins pendant au moins dix lunes !*

Voyager dans les souliers de l'autre, c'est prendre ses souvenirs autant que son expérience quotidienne et le poids laissé par toutes les personnes vivant autour de lui. Quant aux dix lunes, elles correspondent à neuf mois de grossesse. Voyager dans mes mocassins, cela signifie qu'il vous faudrait au moins ce temps de gestation pour saisir tout ce qui fait ma réalité. Tout ce qui fait ce que je suis, aujourd'hui. Et vous n'étiez pas là avec nous, vous ne pouvez pas entrer dans l'âme d'un enfant qui doit protéger sa maman, en particulier lorsque cette dame n'a personne d'autre pour ce faire. Aucun bien-pensant n'était là pour nous aider ; aucun bon chrétien n'est venu mettre en pratique ses belles théories, en nous apportant un peu de cette charité enseignée par le Christ. Nous étions seules, face à l'adversité. Pas étonnant si aujourd'hui encore, il m'arrive de regarder de travers, un peu comme une louve à l'affût, une bonne âme qui veut se rapprocher de moi.

Alors je repose la question :

— Pourquoi sangler la poitrine et le dos d'un enfant de 6 ans qui doit subir des greffes de peau en vue de la construction d'une oreille ?

La réponse est pour le moins stupéfiante : mon chirurgien avait partiellement amputé une de mes côtes flottantes pour récupérer un morceau d'os et de cartilage et le greffer, vous savez où… Il fallait donc que mon thorax garde sa forme initiale, que cette côte mutilée n'ait pas l'idée de se déplacer… ou quelque chose du genre. Voilà la raison qui m'infligea une cicatrice sous le sein droit, plus profonde que les autres. Plus de cinquante ans après, elle me procure encore des gênes périodiques. Sans oublier que suite à la naissance de mes deux enfants, des douleurs dans mon sein droit me conduisirent à plusieurs reprises chez un gynécologue. Dorénavant, je sais que ces troubles, provoquant des désagréments jusque dans ma colonne vertébrale, ne proviennent pas d'un cancer ou d'un kyste bien caché, mais d'une amputation.

Ces monstres n'ont pas seulement mutilé une partie de mes côtes flottantes. Ils ont écorché à vif ma précieuse et si fragile féminité. Ainsi, je n'ai jamais pu mettre de jolis soutien-gorge galbant mes seins, car ils provoquent des douleurs en peu de temps. Comment une jeune femme peut-elle trouver, dans son être intérieur, la force d'exprimer sa grâce, son besoin de tendresse, de caresses, avec une chair abîmée par toutes ces balafres ? Comment y arriver… avec un corps, qui, dans son esprit, ne lui appartient pas ? Un corps qui fut attaché des années durant sur une table d'opération, pour être violé, abusé, torturé… sans jamais arriver, finalement, à un résultat positif ? Comment s'aimer… avec une peau qui, avant la rencontre avec ce chirurgien, était parfaite, sans douleurs, sans stigmates, sans souvenirs traumatisants… avec juste une petite oreille en moins ?

Car finalement, que sont les blessures criantes du corps, face aux blessures silencieuses de mon âme ? La douleur qui s'y cache est immonde, immesurable.

Ce jour-là, Maman et moi étions une fois de plus dans ce cabinet médical, d'où émanait une senteur de propreté stérile et froide. Moi, j'aime les parfums discrets de fleurs, toutes les fleurs, autant que les couleurs, toutes les couleurs… En définitive, j'affectionne tout ce qui représente la vie, loin du monde médical.

Quelque temps auparavant, j'avais subi une Xième intervention. Et nous étions à nouveau à Lausanne pour changer mes pansements et observer les résultats de l'opération. Mais je l'ai déjà dit : ce jour-là, il ne s'agissait pas d'une simple greffe de peau. Mon médecin avait eu besoin d'un morceau d'os et de cartilage pour réaliser son œuvre.

À cause de cette *« nécessité »*, je m'étais réveillée avec une bande adhésive ceinturant mon thorax et une douleur inattendue dans la poitrine. On me prescrivit assurément quelques injections supplémentaires et l'obligation d'être sage. À quoi bon ? J'avais trop de douleurs pour avoir envie de bouger. Et de toute manière, j'en avais l'habitude… de l'immobilité forcée comme du méchant médecin. Cet adulte responsable, qui s'énervait chaque fois qu'il changeait mes pansements ! Mes cuisses brûlaient et ses greffes sur ma tête me démangeaient au possible. Mais ce jour-là, j'eus vraiment trop mal, lorsqu'il retira des segments d'épiderme en même temps que cette bande adhésive.

Cependant, son attitude certifia que je tenais le rôle de la méchante, dans le scénario qu'il avait écrit pour nous trois ! Particulièrement lorsque je pleurais et reculais involontairement, à cause de la douleur ! Sinon, comment expliqueriez-vous qu'il s'énerva, au point qu'il piqua une colère et m'envoya dans une pièce annexe avec ma maman :

— *Débrouillez-vous avec elle pour enlever ce pansement !*

Il avait omis de dire : « ... *quitte à lui arracher la peau, de sa poitrine à son dos !* » Moi, je n'ai pas oublié cette colère, ni ces sensations de brûlure et, surtout pas les larmes de ma mère devant ma souffrance. J'avais le droit de souffrir, mais pas celui d'avoir mal : pour quelle raison aurait-il dû en être autrement dans son esprit ? C'est triste à dire, mais j'étais réduite au statut d'un animal de laboratoire !

Je vois encore ma peau rouge émergeant du sparadrap, centimètres par centimètre, et le tampon imbibé d'alcool que Maman utilisait pour adoucir la colle. Cette séance de torture dura si longtemps que quelqu'un entra finalement dans la pièce avec rage. Toutefois, comme elle n'avait pas encore terminé sa mission, elle osa s'exclamer :

— *Mais pourquoi avez-vous fait ça ? Ce n'était pas nécessaire de poser un pansement adhésif tout autour de sa poitrine !*

Je ne me souviens pas avoir entendu de réponse. En avait-elle seulement reçu une ? En revanche, la porte s'était refermée avec brusquerie. Maman était-elle au moins informée sur la procédure de mes opérations ? Je me permets d'en douter. On peut pardonner le mal que l'on nous fait. Mais comment peut-on pardonner les sanglots que certains actes tirent des yeux d'une mère ? C'était à cause de moi, parce que je suis née avec une seule oreille, qu'elle pleurait !

— *Je dois l'enlever. Je suis obligée de te faire mal.*

J'étais couchée sur un lit, recouvert d'une couverture en coton jaune. « *C'est incroyable ce que le cerveau peut capter comme détails à des moments aussi intenses !* » À l'aide d'une petite paire de ciseaux, maman coupait les morceaux de bandes récalcitrantes ; certains restaient collés à ma peau… Mais cela n'avait pas d'importance : nous aurions le temps de tout nettoyer, une fois à la maison. L'essentiel était que ce chirurgien puisse effectuer son travail et enlever les fils de ma nouvelle cicatrice.

Ce jour-là, comme après chaque visite dans cette ville de Lausanne, nous sommes rentrées en train à Yverdon. Assise en face de moi, ma maman pleurait. Ce jour-là, ses larmes firent ricochet sur moi, cassant pour toujours quelque chose au fond de mon âme.

Que se passe-t-il dans la conscience d'un enfant, utilisé pendant des années comme un vulgaire cobaye de laboratoire, lorsque seule l'ambition d'un chirurgien a de l'importance ? Qu'est-ce qui se passe dans mon esprit aujourd'hui ? Pourquoi ne suis-je pas devenue folle ?

Peut-être parce que j'émigrais, par l'imagination, sur une île réservée aux enfants. Comme Folco, ce garçon pauvre et courageux, qui cavalait sur le dos de Crin-Blanc dans les prairies infinies de la Camargue, une partie de mon être tout entier s'évadait loin des hommes.

Depuis le divorce de mes parents, j'appris à me sentir bien dans ce monde de contes inventés rien que pour moi. J'ai grandi ainsi, provoquant le moins de bruit et de dérangements possible. C'est plus ou moins ce que j'ai fait pendant une partie de ma vie, particulièrement pendant mon adolescence. À l'âge où la plupart des humains se révoltent afin de trouver leur propre identité, je restais sage et transparente. Puis ce comportement m'a suivie jusque dans ma vie d'adulte, jusqu'à mon propre divorce. Pendant tout ce temps, mes peines sont demeurées secrètes, au point que personne n'a réussi à voir derrière le masque. Remarquer ma mauvaise humeur était bien plus facile pour mon entourage que saisir mes frustrations et mes souffrances cachées, plus facile que me tendre la main et ouvrir les portes de mon âme blessée à vif !

Quelque chose me dit que c'est depuis ce jour particulier, où je vis ma mère pleurer, que mon esprit est allé chercher de l'aide auprès d'une culture et d'une époque bien différente des nôtres, dans une civilisation où la souffrance devait être supportée avec courage. Finalement, grâce à Rusti et son chien Rintintin[8], puis à Winnetou[9], quelque chose d'intéressant s'est produit en moi : sans que je puisse en comprendre la raison, la culture amérindienne devint une échappatoire, un palliatif pour mon stress émotionnel et les Sioux[10], mon peuple de cœur. Je savais qu'ils étaient, avec les Apaches, les Comanches et les Cheyennes, des peuples empreints de sagesse, dont les guerriers étaient braves et irréductibles. La plupart de leurs tribus étaient composées d'hommes et de femmes qui, malgré l'envahisseur blanc, mirent un point d'honneur à rester, jusqu'au bout, des êtres fiers, libres et courageux. Mais j'ignorais la suite....

Bien des années plus tard, je découvris en lisant un livre écrit par un Américain sur la résilience des cancéreux qu'il n'y avait rien de surprenant à tout cela. En étudiant toutes les remises en question que cette maladie avait apportées dans la vie des malades, j'appris avec étonnement que les oncologues américains des années 80 constataient, chez la plupart des enfants malades et subissant des traitements douloureux, une attirance similaire à la mienne pour la culture amérindienne, particulièrement pour celle des Sioux. L'auteur prétendait que, s'approchant souvent d'une mort inéluctable, ces enfants qui luttaient contre la douleur avec courage prenaient sur eux pour protéger leurs parents. Pour ce faire, ils trouvaient, tout comme moi, une étrange force spirituelle en s'identifiant à ces peuples d'une

[8]. J'ignorais alors que le héros du plus célèbre feuilleton des années 50 avait vu ses parents se faire assassiner par des Indiens lors d'une attaque de convoi. Et que, par la suite, il fut adopté par un régiment de cavalerie avec son berger allemand.

[9]. Winnetou : Héros apache de romans et de films très populaires en Allemagne, créé par Karl May.

[10]. Indiens des plaines d'Amérique du Nord, les Sioux regroupent trois tribus qui se nomment elles-mêmes Dakota, Lakota et Nakota.

autre ère. Braves et irréductibles, ces guerriers résistaient à la douleur et savaient mourir avec dignité.

Je savais que le créateur de l'Univers était capable de s'abaisser vers nous, pour nous transmettre l'amour et la tendresse d'un vrai papa dans le ciel. Et durant mon adolescence, suite à mon catéchisme, j'avais commencé tout naturellement à fréquenter les cultes de jeunesse qu'organisait la paroisse, chaque vendredi soir. Nous y avions des échanges autour de la Bible. Et j'aimais ces discussions où chacun parlait de la façon dont il comprenait la Parole divine, et comment elle entrait en résonance avec sa foi. Pourtant, même aux meilleurs moments de ces échanges, je me suis toujours sentie différente des autres chrétiens, ceux qui sortaient de familles « normales ». Je n'aurais su dire, d'eux ou de moi, lesquels semblaient vivre sans la puissance spirituelle du Christ ? Par contre, je me suis si souvent sentie jugée. Comme si mon origine familiale faisait de moi une mal aimée, un mouton noir parmi les brebis certifiées.

Dieu m'a touchée, c'est indéniable ! Mais indubitablement pas à travers les autres chrétiens, ceux qui avaient grandi dans une atmosphère où « *tout le monde il est beau ; tout le monde il est gentil* ». Ceux qui désiraient refaire mon éducation selon leurs critères avant de m'offrir SON amour, SA présence dans ma vie.

Encore aujourd'hui, il m'arrive de me sentir comme une étrangère dans une église, face aux autres personnes bien comme il faut… Mais jamais face à Dieu ! C'est son appel que j'écoute, ses mots, pas ceux que les hommes veulent m'imposer. C'est uniquement en lui que j'ai confiance.

Est-ce alors mon imagination ou la présence du Christ qui m'a maintenue en vie ? Ou cette conscience supérieure qui m'a appartenu dès ma petite enfance, me permettant de concevoir que je n'étais pas seule à souffrir dans ce monde ? Une combinaison de ces trois vérités, sans doute !

Chapitre 15

« Toutes les grandes personnes
ont d'abord été des enfants,
mais peu d'entre elles s'en souviennent. »

A. De Saint Exupéry

Puis un jour, ce fut l'anesthésie de trop. Mon petit corps ne trouva plus la force de revenir à la vie…

Pas complètement, puisque je suis là pour en parler. Mais ils ont bien cru que je ne me réveillerais plus ! Je le sais, car je les ai entendus discuter, alors qu'ils étaient à mon chevet. J'ai même pu percevoir ma maman qui veillait, assise à côté de mon lit, alors que je ne me souviens nullement d'une présence quelconque après mes précédentes opérations. Il fallait que ce fût assez grave !

Une chose est sûre : elle s'inquiétait ! Mais un homme, probablement l'assistant ou l'anesthésiste, lui dit de ne pas s'alarmer. Que j'avais juste reçu une narcose beaucoup plus forte que d'habitude. Mais que je finirais malgré tout par me réveiller. Oui, je m'en souviens encore et très clairement : j'ai vu les genoux de Maman entre mes cils. Cette vision a duré quelques secondes, mais s'est imprimée à vie dans ma mémoire ! J'étais couchée dans un lit, et puisque je n'étais branchée à aucun instrument capable de mesurer l'activité de mon cerveau, ils n'ont rien remarqué.

— *Non, je ne veux plus être opérée !*

J'ignore ce qui s'est réellement passé ce jour-là pour que, d'un seul coup, sans raison logique pour mon entourage, j'aie dit non ! Avais-je entendu ou vu quelque chose ? C'est certain ! Mais de là à ce qu'une enfant de 9 ou 10 ans, abusée depuis des années, en déduise avoir le droit de défendre sa vie, il y a un pas quasiment impossible à franchir. Et pourtant… c'est bien ce que j'ai osé faire.

Je me souviens cependant d'un événement qui a dû m'influencer : un homme en blouse blanche parlait avec ma mère, dans un corridor de l'hôpital. Avant d'écrire ce texte, je n'avais jamais fait le rapprochement, dans la chronologie de cette histoire, entre ma surdose d'éther, l'intervention de cet homme et ma décision soudaine et irréfléchie. Pourtant, tout concorde. Et sans être un fin limier, je dirais que rien ne fut réellement un hasard. Car parfois, il y a aussi des *« malgré cela »* positifs dans la vie. Des grains de sable qui viennent brouiller le cours des choses, nous forçant à prendre une direction autant inattendue que charitable.

C'est ainsi qu'un jour, un ange en blouse blanche, passant par-là, sema cette petite graine de révolte dans ma tête. Lorsque ce docteur parla à ma mère, je m'étais surtout étonnée de l'endroit inhabituel. Comme s'il voulait ne pas être entendu par les autres. Et si cette scène est restée dans mes souvenirs, cela signifie que j'étais là, moi aussi, dans ce corridor, debout aux côtés de Maman. Et si j'étais là, c'est que cette conversation avait eu lieu la veille de ma dernière opération. Cet homme, plus jeune et plus grand que mon médecin, ne pouvait être que son assistant. Eh oui, moi qui savais entendre la vie avec mes yeux, j'avais noté ce détail !

Mais voici ce qu'il lui disait :

— *Il vous faut arrêter ces opérations, Madame. Si vous ne dites rien, le docteur M. continuera d'opérer, même si cela ne sert plus à rien. Car il n'acceptera jamais la défaite !*

Voilà, ça avait été aussi simple que cela ! Cette dernière phrase signifiait que mon chirurgien m'opérait depuis des années pour rien… contre ma volonté, en abusant de mon innocence, mais aussi des faux espoirs de ma mère. Ce jour-là, je compris que Maman avait le pouvoir de tout arrêter. Le savait-elle ? En avait-elle conscience avant que cet assistant ne lui parle ? Ce que je sais avec certitude, pour l'avoir entendu me le dire trente ans plus tard, c'est qu'après tant d'opérations, elle espérait toujours que la prochaine, ou la prochaine encore serait la bonne ! Par contre, stopper ces tentatives signifiait recevoir en pleine figure l'immonde vérité : toutes ces tortures, toutes ces maltraitances vécues par son enfant, toutes ces cicatrices ne serviraient à rien !

Quant à moi, grâce à cet assistant qui négligea ma présence au moment où il s'adressait à ma mère, je compris que ce « *viol collectif et organisé* » allait continuer, encore et encore, tant qu'on ne s'y opposait pas. Alors, le soir venu :

— *Je ne veux plus qu'on m'opère ! Je veux rentrer à la maison !*

Déconcertée face à ma rébellion, ma mère commença par me gronder :

— *Mais ce n'est pas possible ! On est là pour ça ; tu dois rester !*

Et n'imaginez pas que cette contestation fut exprimée avec douceur, loin de là ! Elle était sévère, une fois de plus, mais surtout agacée devant une manifestation qu'elle ne connaissait pas. Moi, me rebeller, alors que je passais ma vie à m'adapter pour lui faire plaisir et lui éviter davantage de tourments ?

— *Je ne veux plus qu'on m'opère ! Si tu pars, je pars aussi et je rentre toute seule !*

Quelque peu inquiète, elle se calma pour essayer de me raisonner :

— *Mais comment feras-tu ? Tu ne connais pas le chemin d'ici jusqu'à la maison.*

— Ce n'est pas difficile. Je vais marcher jusqu'à ce que je trouve les rails du train. Et je suivrai celles qui vont toujours tout droit jusqu'à la maison, puisqu'il n'y a pas de contours entre Yverdon et Lausanne.

Je me vois encore, luttant contre cette opération avec des arguments mathématiquement logiques pour moi. Aujourd'hui, de la même façon, je sais visiter une ville ou une région en utilisant mon sens aigu de l'observation. Ce soir-là, je reçus simplement une piqûre supplémentaire pour me faire dormir. Et le lendemain, lorsqu'une infirmière vint me préparer à cette nouvelle épreuve, je remontai à l'assaut :

— Non, je ne veux plus être opérée !

Avais-je voulu protéger ma mère une fois de plus, en prenant seule, l'initiative de me défendre ? Ou avais-je eu un mauvais pressentiment, au point que j'avais cessé d'être raisonnable ? Seul Dieu le sait. Mais peu importe…

— Ce n'est pas possible Dominique. Je dois te raser, comme d'habitude. Reste sage, s'il te plaît !

— Mais je ne veux pas aller dans cette salle d'opération !

Résultat, on me fit une nouvelle piqûre pour me calmer. Mais dès que l'infirmière, pensive, eut tourné le dos, je descendis de mon lit et me dissimula derrière un fauteuil. Néanmoins ce n'était pas suffisant ; ils allaient finir par me découvrir. À demi inconsciente, je me suis alors cachée dans l'armoire étroite qui détenait mes affaires. Eh oui, à cette époque, quiconque me regardait pouvait compter mes os. J'étais suffisamment maigre pour me cacher au fond de cette minuscule penderie. Je l'ai refermée sur moi, avant de vomir et de m'endormir sous l'effet du tranquillisant. Dans un sommeil perturbé, je me souviens les avoir entendus qui s'énervaient en me cherchant. Puis :

— Elle est là !

Qui a déjà été pourchassé par des requins ou des lions affamés, des animaux sauvages qui vous cherchent comme une proie pour leur prochain repas ? Ils se moquent de savoir si vous avez peur ou non, si vous avez envie de changer de rôle ou, comme moi, d'arrêter ce jeu ! Et comment changer de rôle d'ailleurs ? Les forts veulent vous voir abdiquer, baisser la tête devant leur toute-puissance et n'ont cure de vos cris de désespoir. Seul atteindre leur objectif compte pour eux !

Finalement, le temps qu'on me conduise dans la salle d'opération et qu'on m'installe sur la table, je m'étais endormie. Néanmoins, une pensée accrochée à mon cerveau me réveilla :

— *Non, je ne veux pas ! Je ne veux pas être opérée !*

Il y avait une fenêtre en imposte au-dessus de ma tête, proche du plafond. Instinctivement je fixai mon regard sur cette fenêtre et luttai de toutes mes forces contre la narcose :

— *Non, je ne veux pas !*

Alors que la narcose, freinée par ma résistance, tardait à faire son effet, quelqu'un parla. Une ombre dont je pouvais palper la nervosité et qui marchait de long en large dans la salle d'opération, les deux mains bien en vue devant elle :

— *Je vais devoir attendre encore longtemps ?*

Paroles de colère, presque de haine, qui me firent ouvrir à nouveau les yeux. J'avais flairé sa nervosité, son mépris et probablement demandé ce qu'il se passait. À moins que cette infirmière qui me répondit n'ait entendu les mots dans ma tête :

— *Dominique, le médecin s'énerve ; il dit que nous avons déjà perdu beaucoup de temps à cause de toi.*

Y avait-il de l'ironie contre lui dans la douceur de cette voix ? Je le pense… De l'empathie pour moi ? Assurément.

— *Je ne veux pas me faire opérer !*

L'ai-je encore dit ? Pensé seulement ? Je sais simplement que je luttais avec ténacité pour ne plus être mutilée. L'ombre parla à nouveau avec rage, mais concentrée sur ma bouée de sauvetage, je n'ai plus saisi les paroles. En revanche, j'entendis la réponse de l'anesthésiste, assis près de mon oreille gauche :

— *Je ne comprends pas. Il faut attendre encore un peu. Elle ne dort toujours pas et je ne peux pas augmenter la dose ; elle a déjà reçu de quoi endormir un adulte !*

Puis tout à coup, alors que j'avais de plus en plus de peine à résister, j'ai entendu LA phrase !

— *C'est bon, cette fois ça y est ! Elle dort, vous pouvez commencer !*

NON je ne dormais pas ! J'étais encore consciente, puisque j'entendais l'anesthésiste ! Cela signifiait qu'ils allaient me dépecer à vif, que j'allais sentir le moindre coup de scalpel sur ma peau ! Je vous assure qu'à ce moment précis, mes émotions étaient d'un autre gabarit que celles vécues par les spectateurs d'un film d'épouvante ou les visiteurs d'Horrorland[11]. Car là, il n'y avait rien d'inventé ; tout était bien réel ! Mon âme et mon cerveau ne possédaient aucun paravent de protection.

Je crois savoir que certains accidentés de la route gardent à vie les impressions survenues avant et pendant le choc : un éclair de lucidité avant de plonger dans le no man's land. Un peu comme si ces secondes avaient une longueur hors du temps. Durant ce court laps de temps, ma peur de souffrir fut telle, que je réussis encore à concevoir de manière consciente qu'il était préférable pour moi de me laisser emporter par la narcose, de mourir une fois de plus que d'endurer leur passage sur mon corps.

Alors, comme une lampe trop fatiguée de briller, je me suis éteinte…

[11]. Considéré comme le temple de l'horreur, ce parc d'attraction espagnol ouvre ses portes, chaque année, à l'occasion d'Halloween.

Chapitre 16

À chaque fois qu'un bourreau
fait souffrir inutilement un être humain,
il perd un peu de son souffle de vie.

Dominique De Luca

Toute cette histoire est aussi vraie que paradoxale ! Elle m'a poussée au jeu d'écrire, de concevoir un petit dialogue qui n'a jamais eu lieu, mais aurait bien pu se passer devant un tribunal :

MOI : *Ils me cherchent pour abuser de moi, une fois de plus. Pour marquer mon corps d'une nouvelle cicatrice.*

LE PROCUREUR DU DIABLE : *Mais non... ils font ça pour t'opérer une 11e fois avec beaucoup de patience. Car ton corps refuse ces greffes de peau. En fait, ils se donnent « toute cette peine » pour toi... et toi, tu refuses de te laisser faire !*

MOI : *Je ne veux plus servir de cobaye. Je me suis cachée pour ne plus devoir aller dans cette salle d'opération.*

LE PROCUREUR DU DIABLE : *Alors, c'est de ta faute s'ils ont été obligés d'utiliser la force pour faire leur devoir d'humanité, puisque tu refuses d'obéir.*

MOI : *Mais je ne veux pas de cette oreille, de ces pansements qui encouragent mes camarades d'école à se moquer de moi, à me* *repousser comme une bête contagieuse ! Je veux juste vivre, jouer en paix, comme tous les enfants du monde…*

Je me trompe ou cette fiction tourne en rond ? Incontestablement ! Mais voilà ce que **MON AVOCAT** pourrait plaider devant ce tribunal, après avoir obtenu la parole pour ma défense :

— Vous affirmez que ma cliente est coupable ! Coupable de quoi je vous le demande ? À vous entendre, nous pouvons croire que seul l'altruisme vous motive à l'opérer. Mais la vérité est tout ailleurs : votre travail cache une motivation bien trop sordide pour être nommée ! Voilà comment vous procédez : Vous avez encouragé les parents de ma cliente à donner leur consentement en leur faisant visionner des diapositives montrant un homme adulte, opéré avec plus ou moins de succès. Un adulte, car vous ne disposez pas d'images d'enfants opérés. Vous ne pouvez pas en avoir, simplement parce qu'il n'en existe pas encore !

En même temps, l'assurance-invalidité a confirmé sa volonté d'assumer toutes les dépenses liées à ces opérations, de sorte que M. et Mme P. ont été amenés à accepter votre entreprise. Mais ce que personne ne leur a expliqué, c'est que si le Dr Adolph M. arrive au bout de son projet, c'est-à-dire à enlever suffisamment d'épiderme sur les cuisses de leur fille, puis de les greffer sur sa tête pour former une oreille, vous pourrez opérer tous les enfants nés sans oreille dans le monde. Quel succès médical… quelle popularité, pour cet homme !

Ainsi, Monsieur le Juge, qu'elle plaise ou non à tous les protagonistes et ordonnateurs de cette histoire, la vérité est que ma cliente sert de cobaye humain ! Pour « la Science » et spécifiquement pour exaucer les ambitions d'un chirurgien trop prétentieux pour admettre ses échecs. Sans oublier qu'une clinique ou un hôpital suisse, capable de fournir une telle spécialité, pourrait gagner beaucoup d'argent… Voici l'unique raison de cet entêtement sans fin et de toutes ces interventions inutiles et barbares !

Voilà pourquoi vous n'attendez pas que ma cliente grandisse. Car en vérité, elle ne compte pas en tant que personne. Seul son handicap, prometteur d'argent et de renommée pour vous tous, a de l'importance à vos yeux.

Maintenant c'est moi, Dominique devenue adulte qui pose une question : *Si vous étiez mon avocat, combien demanderiez-vous en dommages et intérêts ?*

Je n'avais et n'étais qu'un corps à utiliser, à profaner selon les penchants des adultes censés me protéger. J'en ai payé le prix ma vie entière ! Particulièrement à cause d'une sensibilité qui est bien au-delà des normes requises par cette société. Malgré tout, aujourd'hui je suis fière de moi. Car je suis toujours debout !

Quant à moi, dans ma logique d'enfant, je savais une chose importante : si Dieu m'avait créée avec une seule oreille, moyenne et externe, où était le problème ? Il m'avait aussi offert de grands yeux verts, de beaux cheveux blonds et une belle peau blanche, douce et soyeuse sur toute la surface de mon corps. Il m'aimait ainsi, telle que j'étais, mon bon papa dans le ciel ! Comme un bijou qu'il venait de fabriquer !

Malgré mon jeune âge, j'avais conscience d'une chose extrêmement importante : bafouer mon corps d'enfant équivalait à lui manquer de respect à Lui, mon Créateur. Néanmoins, j'ignorais encore que mes tortionnaires perdaient une partie de leur âme en même temps qu'ils mutilaient la mienne. Qu'à chaque fois qu'un bourreau fait souffrir inutilement un être humain, il perd un peu de son souffle de vie.

Il faisait nuit lorsque je me suis réveillée pour de bon. Il n'y avait plus personne près de moi. Mais une chose est sûre : ce fut la dernière tentative du docteur lausannois. À la suite de cette opération, je n'ai pas reçu davantage de renseignements que pendant toutes les précédentes. Mais les anesthésies puis les visites chez mon chirurgien ont cessé. Et je n'ai jamais su qui avait finalement décidé quoi, ni la raison de ce changement soudain. De toute manière, excepté lorsqu'elle était fâchée contre moi, j'ignorais tout des pensées de Maman ! Croyait-elle que je lisais dans sa tête ? Que je comprenais sans avoir à entendre quoi que ce soit ? Ou pensait-elle simplement que je n'avais pas besoin de savoir toutes ces choses d'adultes ? Savaient-ils tous que j'étais une personne à part entière ? Ou est-ce que mon handicap faisait réellement de moi un être inférieur ?

À chaque réveil, après chaque narcose, mon corps d'enfant crachait de la bile, sans fin. Malgré mon estomac vide, mes intestins évacuaient tout ce qu'ils pouvaient. Je sonnais… Les infirmières venaient mettre un vase sous mes fesses ou une cuvette sous mon nez et repartaient aussitôt. Je me vois encore, secouée par des nausées et concentrant mon esprit sur le bord de la cuvette, là où des morceaux d'émail blanc avaient été emportés par l'usure. Si j'étais frêle en arrivant, grâce à un régime minimaliste sans aucune sucrerie, je ressortais de l'hôpital maigre comme un clou. Toutes mes anciennes photos le prouvent : on pouvait compter mes côtes. Ma peau suivait la forme de mes articulations. Je me suis remplumée depuis ! Mais je n'oublierai jamais cette époque avilissante.

Peu après, les soignantes revenaient pour vider la cuvette ou enlever ce bidet et me nettoyer. Beurk, c'est un exercice dont on se passerait volontiers ! Offrir mes fesses pendant des années à des inconnus, que cela soit pour y recevoir une piqûre ou pour les astiquer sans complaisance : rien qui puisse m'enseigner à estimer mon corps à sa juste valeur.

Aujourd'hui, je trouve un semblant de consolation en me disant que ces réflexes de vidange purifiaient mon organisme du stress provoqué par tous les produits chimiques qu'on m'imposait. Quant à ma maman, elle se demandait pour quelles raisons les médecins utilisaient toujours et encore de l'éther pour m'endormir, alors que ce produit me rendait à ce point malade ! Mais à cette époque, on ne dérangeait pas Dieu le

Père ou ses anges, plus exactement un médecin et ses assistants, pour leur poser ce genre de questions ! Cette odeur d'éther comme plein d'autres s'est imprégnée à vie dans mon estomac et ma vésicule biliaire !

La cuvette de métal dans laquelle je vomissais servait aussi à ma toilette quotidienne. Avant le déjeuner, une dame en blanc la déposait devant moi, sur une table haute, adaptée à mon lit. Aussi loin que je m'en souvienne, je me lavais seule, avec un pain de savon et une lavette. Puis un matin, quelqu'un m'a dit de me lever. Dès lors, j'allais m'installer devant le lavabo, comme une grande ! Protégée du regard des autres patients par un rideau, je pouvais enfin laver, seule, toutes les parties de mon corps.

Un jour, alors qu'une infirmière se plaignait devant ma maman pour le surplus de travail que je leur procurais, j'osai prendre ma propre défense :

— Mais je ne sonne jamais pour rien : il y a toujours quelque chose dans le pot ou la cuvette !

— C'est vrai, avoua-t-elle, presque à contrecœur.

Comme si j'étais coupable d'être malade après mes narcoses ! Mais voyons, vous, mes intestins et mon estomac, pourquoi ne vous êtes-vous pas comportés de manière à ne déranger personne ?

Mes souvenirs me forcent à spéculer que la surcharge de travail du personnel soignant est un mal chronique, qui date de bien longtemps : je me souviens d'un bébé tombé de son lit sur le sol de notre chambre, pendant que l'infirmière était partie chercher du matériel sans prendre le temps de remonter sa barrière. Alors que l'enfant pleurait, elle m'adjura de n'en rien dire à personne.

Plus tard, lors de mes dernières opérations, cette dame me réquisitionnait pour l'aider à la toilette des plus petits. Aujourd'hui, on qualifierait cet acte de non-professionnel. Il reste malgré tout un de mes plus agréables souvenirs des hôpitaux lausannois.

Chapitre 17

Tout le monde a droit au bonheur,
mais personne n'a le droit de détruire celui des autres.
Le but de l'existence ne peut être, en aucun cas,
de faire souffrir qui que ce soit.

Dalaï Lama

Notre beau pays, qui est fait de 26 cantons et 4 langues nationales, va jusqu'à posséder des régions et des villes officiellement bilingues. L'enseignement y est donc donné en deux langues.

Malheureusement pour moi, Maman décida de se marier avec un habitant du canton de Soleure, dont deux enfants suivaient déjà l'école en allemand. Pour respecter le bilinguisme de cette nouvelle famille, il fallut donc trouver un compromis, chose innée pour tout Suisse qui se respecte. Maman et moi habitions dans un canton francophone et mon futur beau-père en Suisse alémanique. Nous sommes donc parties vivre dans le canton de Berne, plus précisément à Bienne, cité 100 % bilingue dans les années 70. Dès lors, le suisse-allemand me fut géographiquement imposé et le harcèlement scolaire dont je faisais les frais augmenta encore.

Le programme scolaire était très différent du mien et les francophones parlaient avec un accent incroyable pour moi. Ce qui signifie, bien évidemment, que mon propre accent était innommable pour eux. Il n'en fallait pas plus pour que la petite Vaudoise que j'étais, stressée par le remariage de sa mère et la situation familiale, reçoive les gouttes d'eau qui firent déborder le vase de la maltraitance scolaire. Ma nouvelle institutrice était intraitable avec mes erreurs d'orthographe et d'élocution en français. Et pour ma part, je l'ignorais encore, car aucun adulte n'y avait jamais pensé, je n'entendais pas suffisamment bien pour répéter les mots inconnus. Alors, en plus des cours de français, capter l'ensemble de nos leçons d'allemand ainsi que certains noms de famille à résonance alémanique, m'était tout simplement mission impossible. Ceci amplifia la cruauté de certains élèves, particulièrement celle des enfants bilingues. Résultat : je reçus de très nombreux coups, en particulier avec les règles en bois de mes camarades d'école. Ma tête finit par être recouverte de bosses.

Ce traitement quotidien se termina par un véritable lynchage. Je ne me souviens plus exactement comment tout cela avait commencé. On m'a poussée, comme d'habitude. Puis quelqu'un a crié une injure sur mes cuisses recouvertes de cicatrices. Puis un autre fit de même sur mon accent… et ainsi de suite. Au bout de quelques minutes d'injures, je me suis retrouvée seule, au milieu du cercle formé autour de moi. Ceux qui étaient là, pratiquement toute la classe, commencèrent à me lapider avec leurs pantoufles et leurs souliers. Puis avec tout ce qui leur passait sous la main. Je me souviens avoir appelé une camarade d'école à l'aide :

— *Anna, Anna, au secours, aide-moi !*

Mais comment aurait-elle pu m'aider ? Finalement, elle courut chercher de l'aide auprès d'une institutrice, laquelle vint aussitôt à mon secours. Au lendemain de cette agression collective, ma mère dut venir à l'école pour un entretien. Afin de me protéger, on lui proposa de me descendre d'un niveau :

— *Avec ses camarades de classe actuels, Dominique est en danger. Si elle descend d'un niveau, elle pourra trouver sa place et se défendre. Ils ont tous une année de moins. En plus c'est une classe sympathique. Avec eux, elle aura moins de difficultés à gérer la différence de programme entre le canton de Vaud et celui de Berne.*

Présente lors de l'entretien, j'entendis ma mère s'exclamer, confuse :

— *J'ignorais ce qui se passe ! Dominique n'est jamais venue se plaindre à la maison ! Elle ne m'a jamais rien dit !*

Y avait-il quelque chose d'étonnant à ce comportement ? N'avais-je pas appris depuis longtemps à la protéger, elle, en affrontant seule les déboires de ma vie ? « *Maman a dorénavant suffisamment de travail et de préoccupations sans devoir en plus, se faire du souci et perdre du temps pour moi* ».

Ainsi raisonnais-je en mon for intérieur, alors que les difficultés de l'existence ne s'étaient pas réellement adoucies suite aux secondes noces de ma mère. Elles s'étaient simplement diversifiées, ouvrant mon esprit à un horizon et des réalités souvent pathologiques, mais encore inconnues pour moi. Mon beau-père m'avait dotée d'une nombreuse fratrie, dont une adolescente de cinq ans mon aînée, ainsi que trois garçons bruyants et agités. En tout, quatre enfants bouleversés par le décès de leur maman et leur propre vécu.

Les services sociaux et d'aide à domicile de l'époque avaient refusé d'apporter leur aide au fort de ce veuvage. Leur père n'avait donc pas trouvé d'autre solution que de faire arrêter l'école à son aînée. A 14 ans, Jane[12] fut désormais jugée *« capable »* de s'occuper de ses trois petits frères et de la maison, repas et *« tout le tralala »* y compris ! Avec affection et sans jugement aucun, je dirais qu'elle trouva le moyen de se consoler en cherchant un peu de tendresse auprès d'hommes plus âgés qu'elle… à mon avis abuseurs !

Je l'ai déjà dit, mon beau-père était un homme plus marginal et sauvage que tous ceux que j'avais pu rencontrer. Imaginez un peu le

[12]. Tous les noms et prénoms cités dans ma famille et mon entourage ont été changés.

tableau : à son premier rendez-vous avec ma mère, il conduisait une voiture dont le volant s'était démonté. Pour le faire tenir, il l'avait simplement fixé avec de la ficelle et de la toile adhésive. Authentique !

À cause de son tempérament colérique et de ses problèmes d'alcool, cet homme fut soupçonné du meurtre de sa première épouse, laquelle mourut lors d'une vilaine chute alors qu'elle était ivre. Je précise que rien ne fut prouvé contre lui, même s'il osa pousser sa propre fille de 16 ans dans une rampe d'escalier, le jour où il apprit sa grossesse.

Fortement traumatisés par leur vécu puis par la mort de leur mère alcoolique, troublés par la présence d'un père qui ne valait pas beaucoup mieux dans ce domaine, ces quatre orphelins n'eurent d'autre choix que de suivre leur géniteur dans ce qu'il avait imaginé pour nous tous. Et c'est ainsi que, d'un jour à l'autre, ma mère se transforma en Sœur Emmanuelle, la foi chrétienne en moins, et devint la maman de tous, dans cette grande aventure familiale recomposée.

Les photos le prouvent : le jour de son second mariage, elle était resplendissante ! Moi j'étais seule, intimidée, comme le jour où elle me déposa pour la première fois dans cette maison pleine d'enfants traumatisés ! Maman avait-elle déjà, ne fût-ce qu'une fois dans sa vie, pris conscience de mon vécu, de mon ressenti à moi ? Pas ce jour-là en tout cas, ni avant ses noces ni et encore moins après ! C'était un peu comme si j'avais disparu dans un horizon voilé de brouillard. Comme si mettre des lunettes opaques lui permettait de passer à côté de ma réalité. Elle se sentait heureuse et croyait peut-être ou voulait croire que je l'étais aussi.

En vérité, les conséquences de ses choix furent désastreuses. Et depuis ce jour de célébration, rien de ce qui était à moi ne fut respecté : ma féminité et ma manière bien à moi de l'exprimer, ma douceur, mon besoin de calme et même la solitude dans laquelle j'étais plongée depuis ma naissance, et qui m'avait si bien apprivoisée. Jusqu'à mes traumatismes qui avaient fait de moi un petit écureuil apeuré et anéanti… tout fut terrassé dans cette nouvelle aventure.

Traumatisée comme je l'étais, jusqu'alors enfant unique, esseulée et malentendante de surcroît, je me retrouvais face à quatre, bientôt cinq enfants bruyants et turbulents. Cette fois, même mes jouets furent détruits. Je n'avais pas de camarades de jeux, mais beaucoup de livres. Tout fut cassé, déchiré par les fils de mon beau-père…

Ma mère pensait me donner une famille ; je devins simplement plus pauvre qu'avant ! Et moi… comme j'aurais aimé grimper sur les genoux d'un papa qui me ressemble, ou tout au moins qui me comprenne ! Comme j'aurais aimé, moi aussi, me sentir chérie, protégée, apprendre de lui que le monde n'était pas un danger pour moi ! Comme j'aurais aimé avoir l'innocence de ces enfants qui marchent, heureux et confiants, qui jouent avec leurs camarades sous l'œil aimant et rassurant de leurs parents ! Comme j'aurais aimé entendre d'eux :

— *Viens, Dominique, regarde les gens t'aiment ; ils ne te feront aucun mal. Et si l'un d'entre eux essaie de t'attacher, alors libère-toi. Car tu as le droit d'être aimée et libre dans tes besoins.*

À la place de ce beau rêve, mon côté artiste, fragile, fut brisé davantage encore. Une fois de plus, on m'avait ôté la capacité de construire dans le monde des hommes qui marchent vers le bonheur. Je n'ai pas montré mes souffrances. La consolation n'était, de toute manière pas pour moi… n'a jamais été pour moi.

— *Être fort, avoir des couilles…* Tel était le langage d'espérance de ma nouvelle famille !

Alors, pour survivre à ce nouveau traumatisme, j'ai dû apprendre à me comporter comme si j'en avais, moi aussi. Pour entrer dans cette meute, je suis devenue quelqu'un que je n'étais pas. Le petit Sioux courageux apprit à sortir ses griffes et son tomawak ! Qu'aurais-je pu faire d'autre, du haut de mes 11 ans, pour attirer l'attention maternelle, pour montrer que j'existais encore ? Ma façon de vivre, sans réellement exister pour personne, devint, plus que jamais ma devise, ma vie !

Tiens… je pleure… !

Sans le vouloir, cette fratrie âgée de 6 à 16 ans, qui n'avait rien à voir avec moi, m'éloigna à tout jamais de ma mère. Laquelle changea de statu pour devenir leur maman, alors que leur père ne sera jamais le mien ! Et malgré le plaisir de prendre mes repas en famille, autour d'une table remplie de petits frères, ce qui restera à tout jamais, et paradoxalement, l'un des plus beaux souvenirs de ma vie, je me suis retrouvée, affectivement parlant, encore plus isolée qu'avant.

D'autant plus que des menaces de la part de son nouveau mari, que je soupçonne très virulentes, ont fini par mettre fin aux timides rencontres que mon père avait réussi à obtenir après des années de luttes. Bien plus tard, ma maman m'avoua avoir épousé cet individu pour ses quatre enfants, orphelins de mère : elle pensait que cela me ferait de la compagnie. Mein Gott !

Admettons que, question animation, son coup fut une réussite complète ! Mais pour le reste et plus particulièrement pour la complicité qu'elle espérait entre eux et moi, je résumerais seulement en secouant la tête :
— *Doux Jésus !*

Malgré les colères de cet homme, elle resta avec lui pour ne pas abandonner « ses garçons » entre ses mains : son sacrifice, notre sacrifice à toutes les deux pour ces quatre gosses… qui, eux, auraient été aussitôt placés en foyer ! En réalité, je pourrais rédiger un roman sur ce personnage ! J'y raconterais le jour où l'un de ses fils, Daniel, est arrivé en courant dans la cuisine pour hurler :

— *Papa a jeté Marc par la fenêtre !*

Notre maison avait un parterre surélevé d'environ huit marches. Et nous étions, Dieu merci, en hiver ! Néanmoins je n'oublierai jamais la panique de Daniel et du reste de la famille ! Nous avons tous couru dans la chambre des deux garçons. Dehors, la neige avait amorti la chute de ce gosse, un peu plus turbulent que les autres. Toutefois le geste restait ce qu'il était : à cause du bruit qu'il faisait en jouant, son père l'avait balancé par la fenêtre ouverte ! Un autre jour, je le vis attraper ce même fils par un pied et un bras, avant de le lancer comme une balle contre un mur. Cette fois-là, c'est moi qui accourus dans la cuisine ! Jamais je n'oublierai cette scène !

Quelques années plus tard, je devais avoir entre 14 et 15 ans, il leva un couteau à pain contre moi avec une haine impressionnante. Conformément à sa volonté, cette *« arme »* était constamment plantée, bien droite dans le pain ! C'était simplement sa manière à lui d'exposer à tous sa virilité et sa position de chef de famille ! Ce jour-là, contrarié parce que l'adolescente que j'étais défendait verbalement une bonne cause, il empoigna le manche du couteau, se leva et….

Ce fut la première et seule fois où je vis ma mère réagir pour me protéger. Elle se leva à son tour et lui attrapa le poignet :

— *Mais tu es fou !*

Jane eut moins de chance que moi, le jour où il la projeta en bas des escaliers pour l'avoir trouvée enceinte à l'âge de 16 ans. Lorsque son bébé arriva, j'avais à peine 12 ans. Puisque le patriarche en avait décidé ainsi, il resta dans la famille et grandit comme notre petit frère à tous. Tandis que, sur la même décision patriarcale, sa mère âgée de 17 ans serait mise de côté, quelques mois plus tard !

— *Il reste avec nous, mais toi tu pars,* lui avait dit ma mère. *Nous t'avons trouvé un studio non loin de là.*

Si ce petit prince put atterrir sur notre planète, ce fut uniquement parce que les médecins refusèrent d'avorter tardivement l'adolescente, qui s'était bien gardée de publier sa grossesse. Devant la frimousse de ce gamin aux petits yeux bleus malicieux, le simple fait que nos parents aient tenté d'obliger sa mère à avorter ne me donne pas envie de chanter à leurs funérailles ! J'ignorais encore que quelque temps auparavant, mon beau-père avait obligé ma propre mère à avorter. Ils étaient trop pauvres, disait-il, pour garder mon futur petit frère ou, avec un peu de chance, ma future petite sœur.

Me revient un souvenir parmi tant d'autres que je peine à garder pour moi : mes frères d'adoption étaient bagarreurs au possible. Le plus jeune, surtout, ne manquait pas d'imagination dans ce domaine. Je pense aux bouteilles de bière qu'il allait boire en cachette et remplissait ensuite d'eau, espérant que son père ne remarque rien. Mais aussi aux rats qu'il allait chercher au bord de la rivière et s'amusait ensuite à relâcher dans la maison, où ils vivaient tous avant la venue de ma mère dans leur vie. Et à cet enfant qu'il poussa dans l'Aar, alors qu'il pêchait avec son frère aîné.

Aujourd'hui, pourquoi leur en vouloir, lorsque l'on sait que leur père alcoolique aimait tout particulièrement ramener des collègues de travail chez eux, pour leur offrir ses propres enfants en spectacle, au milieu de la nuit, après une soirée bien arrosée ? Nous sortant du lit où nous étions tous endormis, il forçait ses fils à se battre devant eux, comme des chiens enragés ! Il m'est arrivé à plusieurs reprises de devoir participer à ces jeux immoraux devant ces hommes qui riaient, comme les malades pervers qu'ils étaient. *« Sauvages »* pourrait être le titre du livre racontant l'histoire de cette famille.

Ma mère s'est battue pour l'empêcher de perpétuer cette coutume longuement pratiquée avant leur rencontre ! Quand je repense à tout cela, moi, toute abstraction faite du puritanisme, voire de la douceur accompagnant la foi qui est la mienne aujourd'hui, il m'arrive de jurer comme le plus vulgaire des charretiers. Un peu comme on frappe dans un sac de boxe ou que l'on hurle dans la forêt pour soulager une colère magistrale :

— ⚡ *Putain, merde, mais pourquoi ne devons-nous pas, passer un permis obligatoire pour faire des enfants ? ? ?* ⚡

Pardonnez-moi l'interjection, mais parfois, ce sont les seuls mots, assez forts, pour exprimer mon indignation, l'expression la plus juste pour exorciser ma douleur. Je vous promets que cela fait du bien ! Poser des mots plus « soft » serait une manière hypocrite d'édulcorer la réalité vécue par mes frères d'adoption. D'ailleurs, que seraient-ils devenus ces mômes, sans le sacrifice de ma mère ?

Finalement, grandir avec quatre mecs, plus bagarreurs les uns que les autres, m'a appris à me battre. Physiquement, mais aussi verbalement, lorsque je désirais lutter contre des injustices. Néanmoins, je ne me suis jamais battue pour mes propres intérêts. *« Si quelqu'un peut m'expliquer le comment du pourquoi, je suis preneuse ! »* Peut-être parce que c'est épuisant de lutter pour se faire entendre, même si on a appris à le faire. En réalité, la rédaction de ce livre est bien ma première tentative pour démontrer que, et surtout, comment j'ai existé !

— *Keine Kommentare !*

Mon beau-père est finalement mort d'un cancer. Et l'oncologue m'a affirmé que cette maladie avait été provoquée par le schnaps qu'il buvait quotidiennement. Et le tabac qu'il aimait chiquer.

Est-il resté quelque chose de positif de cette vie de bohème qui était la nôtre ? Même en cherchant assidûment, je ne le crois pas.

Chapitre 18

Pardonne, Père, pardonne-leur,
car ils ne savent pas ce qu'ils font.

Luc 23 : 34

Lorsque je sortis lentement du monde de l'enfance, puis de l'adolescence, lasse des moqueries et des discriminations dont j'étais la cible, je cherchai comment ne plus plier le genou face à mes adversaires. C'est alors que je rencontrai un couple qui m'apprit à me défendre physiquement par le biais du sport. Lui, Français, et elle, Suissesse, la femme la plus gradée en arts martiaux de notre pays, furent les premiers Occidentaux acceptés dans l'une des plus prodigieuses écoles d'arts martiaux. Celle-là même qui entraîne les pires ennemis des yakusas, à savoir la police japonaise ! Si ces maîtres honorables avaient accepté la présence de Catarina[13], première femme autorisée à suivre les cours d'arts martiaux de la police d'intervention japonaise, ils n'avaient pas omis de préciser que rien ne serait fait pour faciliter la tâche de cette étrangère, qui poussait l'arrogance à vouloir s'entraîner avec des hommes ! Et ne dit-on pas que ce qui ne nous tue pas nous rend plus forts ? Elle a tenu bon, prouvant qu'il était possible pour une femme de se battre à armes égales avec des messieurs !

[13]. Nom d'emprunt.

Certes, présenter ce couple et ce sport de cette manière fait quelque peu cinématographique ! Mais le Budō[14] n'est pas une école pour les marquises des temps anciens ! Walt Disney n'a décidément rien inventé avec sa jolie Mulan… Si les samouraïs étaient de véritables guerriers sans pitié, savoir capter l'énergie du monde pour l'utiliser contre ses ennemis, retourner contre eux leur propre détermination à vouloir vous combattre, peut être utile aux femmes autant qu'aux hommes. Dorénavant j'avais un modèle à suivre. Des maîtres pour m'apprendre à protéger mon corps et ma vie, mais aussi pour protéger mon entourage. Plus jamais un homme ne pourrait lever la main sur nous ! Même une attaque au couteau ne me faisait plus peur.

À 18 ans j'étais souriante, mignonne comme un petit cœur. Et si je ne fréquentais plus les cultes de jeunesse depuis que j'avais rencontré un petit ami italien, trop jaloux pour me partager avec un autre, fût-il Dieu en personne, je demeurais persuadée que mon Père céleste veillait sur ma vie… de là-haut…

À la place, j'étais une guerrière qui utilisait le chi[15] et portait une armure pour protéger son âme blessée à vif, remplie de peur et de haine si bien dissimulées au fond d'elle-même, que personne, jamais personne ne les a découvertes !

Je ne pratiquais pas juste un petit cours de self-défense. J'apprenais à travailler avec souplesse, à utiliser les énergies de l'univers, de mon adversaire et de mon corps. Et s'il m'avait fallu me défendre, j'aurais été capable, grâce à la pratique des arts martiaux, de démolir un

[14]. *Budō : (sign. Voie du combat ou voie du guerrier) arts martiaux japonais dont les plus connus sont le karaté-do, le judo, l'aïkido et le kendo jujitsu. Il comporte également des exercices de Tai-chi. C'est aussi toute une philosophie de vie.*

[15]. *Terme chinois signifiant : « Souffle interne » ou « flux d'énergie naturelle ». Brièvement, le chi propage dans chaque cellule de l'organisme. Les arts martiaux y voient une ressource pour rendre les mouvements plus fluides et plus efficaces en contrôlant sa respiration, et pour détourner la force de l'adversaire puis la renvoyer sur lui…*

homme de mes propres mains ! Étant régulièrement la seule femme sur le tatami, je m'entraînais avec de jeunes loups que le maître de cette école d'arts martiaux m'envoyait mater, pour leur faire passer l'envie de jouer à Bruce Lee, une fois de retour dans la rue.

— *Fais-leur mal !* me disait-il ; *il faut qu'ils apprennent l'humilité !*

Ces gros malabars suaient, grimaçaient de douleur alors que les mêmes prises ne faisaient aucun effet sur moi. Et, pendant que j'apprenais à les maintenir à distance, à dévisser une articulation ou à gifler un adversaire avec mes pieds, à casser, à tuer si besoin, pour ne pas être tuée, notre maître répétait inlassablement :

— *Ne faites pas attention aux autres. Concentrez-vous sur votre propre énergie. S'ils réussissent mieux que vous, cela n'a pas toujours été le cas. Cela signifie simplement que vous pourrez le faire un jour, à votre rythme et avec de la discipline, mais vous y arriverez !*

Il faut des années d'entraînement pour qu'une femme puisse vaincre un homme. Et même si la majorité d'entre eux peinent à utiliser toute leur agressivité dans un combat loyal contre la gent féminine, j'ai appris à utiliser mon énergie et ma technique contre eux et les vaincre. Malgré mes sourires et ma timidité, quelque chose au fond de mes yeux disait à celui qui s'approchait trop près qu'il y avait une frontière à ne pas traverser. Je n'avais peur de rien, surtout pas de les envoyer gicler sur le tatami ni de leur dévisser une articulation. Il n'était pas rare qu'ils abdiquent avant moi pendant les échauffements.

Mais j'étais tellement naïve, innocente et désintéressée… *« je le suis restée au fond de mon cœur »* qu'il a fallu que j'arrive à plus de 60 ans pour réaliser à quel point cette force était encore bien vivante au fond de moi, cachée, mais prête à surgir de nulle part en cas d'urgence. Et je le dis avec fierté : j'ignorais aussi que cette énergie pouvait, dans de tels instants, être tout autant instinctivement contrôlée.

Bien des années plus tard, en 2019, il a fallu qu'une cheffe, aujourd'hui retraitée, lève la main sur moi pour que des années d'entraînements servant à anéantir mes adversaires remontent à la surface. Ce n'était pas la première fois qu'elle s'en prenait à moi injustement, loin de là même. Mais ce jour-là, parce qu'au lieu de prioriser mon écoute sur elle, je restai concentrée sur les médicaments à apporter à un malade *« acte qui froissa certainement son narcissisme bien rôdé »* elle poussa son agressivité jusqu'à frapper mon bras avec dédain. Et là, à cette seconde précise et à mon insu, je sentis un tsunami de haine jaillir en moi. Le mot n'est pas trop fort, tant la vague qui me saisit fut brutale et inattendue.

Surprise par la force de mes réactions intimes, je baisai la tête pour me protéger, non pas d'elle, mais des pulsions sorties d'un seul coup du néant. Et par lesquelles je faillis la projeter contre une paroi vitrée. Avant le comportement méprisant autant que hautain de cette charmante dame qui se croyait au-dessus du respect mutuel, jamais, au grand jamais je n'aurais imaginé une chose pareille. Jamais je n'aurais soupçonné à quel point un samouraï reste un guerrier jusqu'à la fin de sa vie !

Mais je remercie Dieu qui a retenu ma main et mon corps. Car sincèrement, c'est triste à pleurer de devoir utiliser une telle énergie contre la méchanceté de personnes imbues d'elles-mêmes et de leur autorité légale ! Et je continue à croire, de toutes mes forces, de toutes mes pensées et de toute mon âme, qu'il y a tant de belles choses à donner et recevoir de la vie, tant de braves gens à aimer selon Dieu, à aider et soutenir d'une manière ou d'une autre, tant de beaux partages à créer au hasard des chemins ! Alors, laissons sur le bord du trottoir ceux qui prennent plaisir à détruire la vie des autres et poursuivons notre excursion.

Et pour revenir à ces années de jeunesse, vint le jour où je finis mon apprentissage et commençai à gagner ma vie. Dès lors, je décidai de quitter ma famille pour m'installer dans mon propre appartement. C'était compter sans mon petit ami qui essaya de me l'interdire pendant des mois :

— *Tu n'iras pas habiter toute seule !*

Eh oui ! Et vous allez rire : selon lui, cette action était simplement trop dangereuse ! Difficile à croire n'est-ce pas ? En fait, ce n'est pas pour ma sécurité qu'il s'inquiétait, mais parce que cette décision m'offrait la possibilité de recevoir des hommes chez moi ! Cette fois, cependant, je refusai de l'écouter. Mes motivations étaient trop importantes ; il ne faisait pas le poids contre elles. Je partageais ma chambre avec le plus jeune de mes *« frères »* et à 21 ans, j'avais besoin d'espace. Je n'avais plus envie de squatter le canapé familial, d'être envahie par ces personnes qui s'imposaient, sans le vouloir, à moi. Et plus que tout, j'avais besoin de vivre loin de cette famille recomposée et pathogène. Loin des rots et des pets que mon beau-père lâchait à chaque repas. Loin de ses philosophies bon marché, de ses critiques sur tous ceux qui essayaient d'exprimer un minimum d'intelligence… Loin du couteau à dents, toujours planté dans le kilo de pain, au milieu de la table.

Vu mon entêtement à vouloir quitter ce nid pourri, mon petit ami prit la décision de venir vivre avec moi. De cette manière, je ne serais pas seule, donc pas tentée de recevoir des hommes ! Malheureusement pour lui, ses parents, nés dans les années 20, catholiques pratiquants, – même s'ils n'avaient jamais lu la Bible encore interdite par le clergé à l'époque, ne pouvaient concevoir que leur fils choisisse de vivre en concubinage avant son mariage. Aussi, son incapacité à me faire confiance, à me laisser l'espace dont j'avais besoin pour me construire, provoqua un ouragan dans sa famille !

Aujourd'hui j'en ris, ne me sentant vraiment pas responsable de ce drame ! Mais à l'époque, pendant que la *« Commedia dell Arte »* ébranlait les murs de leur appartement, quelque part dans la vieille ville de Bienne, je continuais à regarder le monde avec des yeux d'enfant traumatisé, instruite dans la pensée que j'étais repoussante, inférieure aux autres.

M'enfermant dans ses pensées négatives, mon petit ami finit par m'éloigner de tout ce qui brillait en moi. Il m'interdit toute spontanéité, au point que je me forgeai, au cours des années, un caractère très éloigné de mon moi profond. Pour résumer, je dirai que je l'ai laissé simplement maçonner les murs d'une prison invisible. C'était de l'autosabotage, mais j'étais repoussante, seule à lutter, et de toute manière, persuadée qu'aucun autre homme ne m'aurait désirée, suffisamment aimée pour m'offrir les caresses et la tendresse dont j'avais tant besoin. Et puis, je manquerais d'honnêteté si j'omettais de dire que sa jalousie portait en elle un avantage inconscient pour moi : le mur de briques qu'il bâtissait pour m'éloigner des autres hommes me protégeait instinctivement de ma peur panique de ces créatures.

Car comment pouvais-je savoir, au plus profond de moi, qu'une jeune femme se doit de choisir un compagnon pouvant combler ses besoins ? Savais-je seulement quels étaient mes besoins. Avoir le droit de les écouter et de les respecter était un univers inconnu pour moi ! Il l'est certainement encore aujourd'hui. Et de toute manière, comment faire pour expliquer ces réalités à un personnage qui refuse d'écouter ? Ne dit-on pas qu'il n'y a pas pire sourd que celui qui ne veut pas entendre ? Mais voilà, je voulais des enfants ! Je suis donc restée avec lui !

J'avais appris à sourire pour cacher mes cicatrices. Malheureusement, j'ai dû apprendre à éviter cette technique de camouflage dès que je me trouvais en sa compagnie ! Car le futur père de mes enfants n'admettait pas que sa femme sourie en public ! J'entends votre surprise :

— *Mais pourquoi Dominique ? Quel mal y a-t-il à sourire ?*

— *Pour ne pas allumer les hommes qui croisaient ma route, pardi ! Les vendeurs, les bouchers, les médecins... les pasteurs... !*

Selon lui, à cause de mes manières espiègles, tous avaient envie de moi. En tous cas, c'est ce qu'il m'affirmait, en des termes moins polis que ceux-là :
— *Tu les allumes, tu les cherches ! Cela t'amuse de les faire bander ? Tu veux les sucer !?*

Selon lui aussi, toutes les femmes, en dehors de leur mère et de leurs sœurs, étaient des putains. Et cette conviction était culturelle ! Je n'avais pas encore fêté mon 17e anniversaire lorsque je l'ai connu. Et il m'accusait ainsi, alors que j'ignorais encore ce qu'était un préservatif ! Pour dire à quel point j'étais intéressée au fruit de la chair ! Si, un an plus tard, j'étais devenue capable de tuer un homme de mes mains[16], je n'avais certainement pas envie de frotter ma peau nue contre l'un d'entre eux, pas comme ça !

À soixante ans, j'ai juste envie de me réchauffer le cœur : jamais je n'avais perçu ces remarques machistes comme des compliments à mon égard. Car finalement, qu'est-ce que je devais être mignonne, pour réussir à faire bander tous les hommes qui croisaient mon sourire ! Malheureusement à cette époque, j'étais trop naïve, pas assez expérimentée pour réfléchir si loin. Et j'avais tout... sauf l'envie d'en rire !

Si mon compagnon restait calme et gentil en société, histoire de montrer une belle figure devant les autres *« Una bella faccia di fronte agli altri »,* dès que nous nous retrouvions seuls, il me faisait payer cher le moindre mouvement de sympathie, le moindre échange de paroles avec un homme. Il me rabaissait en me couvrant de crises de jalousie et se montrant de plus en plus misogyne. Mieux que personne,

[16]. Pour rappel, voir chapitre 19.

il savait jouer à l'amant attentionné en présence des gens, mais m'interdisait de sortir seule ou en compagnie d'une amie, pour un cinéma ou pour aller simplement boire un verre. Car, selon ses principes, une femme se devait de rester à la maison, un point c'est tout ! Même les membres de ma propre famille et de notre église n'ont pas su ou pas voulu déceler son jeu. Pourtant, il y a eu plus de soirs où je pleurais en silence sous mon duvet, que de jours heureux dans ce mariage.

Maladivement jaloux, il réussit à me faire arrêter le Budo : pas question que je m'entraîne au corps à corps avec des hommes ! Or, si un maître d'Aïkido est capable de faire tomber une personne qui l'attaque sans le toucher, en utilisant l'énergie négative que cette personne porte en elle, comment faire une prise du Jujitsu ou un combat au sol à distance ?

Italien du Sud jusqu'au bout des ongles, mon petit ami avait reçu une éducation basée sur des principes datant du Moyen-Âge : enfant, lorsque des amis venaient visiter ses parents, il n'avait pas le droit de jouer avec les petites filles. On ne sait jamais, au cas où ! Alors, comment aurait-il pu comprendre que j'exerce un sport de proximité avec des hommes ? Je ne lui en ai jamais voulu. Qu'est-ce que cela m'aurait apporté ?

Et puis, plus que tout, la spiritualité, plus particulièrement la présence de Jésus, sa puissance comme sa capacité à s'approcher des plus faibles, font partie de ma vie, autant que l'eau dans la vie des arbres. Et si je perdis l'énergie du chi, je me rapprochai de celle, salvatrice, du Christ. Je voulais avancer, respirer, vivre enfin… pas rester là où j'en étais ! je voulais simplement comprendre les raisons qui m'ont fait accepter cette vie. Quelles étaient ces parts d'ombre cachées en moi ?

Seul mon médecin, en percevant les séquelles que je cultivais, avait compris son comportement pervers. Depuis, j'ai eu le temps de réaliser à quel point mon ex-mari avait une vision faussée, voire archaïque, des femmes et de la sexualité : cet héritage, il semble l'avoir reçu de sa famille tout entière ! Un manque de sagesse humaine, imposé par l'église catholique romaine qui s'autoproclame universelle. Laquelle, dans le sud de l'Italie, régentait les vies en gardant ses ouailles engluées dans un carcan de traditions. Usant d'une terreur semblable comme une sœur jumelle à la superstition, elle maintint d'une main de fer cette population sous une tutelle spirituelle des siècles durant.

Quant à moi, pendant des années, l'amie qui nous connaissait le mieux lutta verbalement, parfois pendant des heures avec lui, afin que je puisse l'accompagner en de rares sorties. La seule fois où elle gagna le duel, j'avais plus de 30 ans et déjà deux enfants. Du coup, deux heures avant mon départ, mon mari sema la terreur au point qu'il fit pleurer les gosses, m'accusant ouvertement de les abandonner en les laissant seuls :

— C'est de sa faute si cela ne va pas, puisqu'elle veut sortir comme une dame !

Résultat : je choisis de ne plus sortir.

Pourquoi suis-je restée si longtemps avec lui ?

Pendant toutes ces années, il menaça de me prendre les enfants et de partir avec eux en Italie si je demandais le divorce. Et je savais qu'il en était capable. Dans ce cas, on apprend à se taire !

En fait, il n'y a que Satan pour se réjouir de telles histoires…

Chapitre 19

Le seul monde que nous pouvons changer
est celui qui est entre nos deux oreilles.

Dominique De Luca

Ce n'était pas moi que ma famille recomposée venait visiter, lorsqu'ils sonnaient à la porte, mais mon époux ! L'année précédant mon divorce, j'ai enfin réalisé que personne parmi eux n'aurait su que j'étais encore en vie, si mon mari n'existait pas. Moi, j'étais dans la cuisine, préparant de bons petits plats pour tous. Et, pour m'en remercier, cette famille, oui, la mienne au complet, fêta le réveillon de Noël chez et avec mon ex-mari, pendant les six années qui suivirent notre divorce ! Tout simplement, comme si le père de mes enfants était veuf. Personne n'émit un seul mouvement d'empathie dans ma direction. Je ne reçus pas un seul appel téléphonique ni une seule visite ! Ils fêtaient ensemble la naissance du Christ et moi, pendant ce temps, je me traînais de désespoir sur le sol de mon salon, arrachant mes cheveux en hurlant ma peine et ma solitude.

Je sais aujourd'hui que mes cris exorcisaient aussi mes douleurs d'enfant abandonnée à son sort. Psychorigide, ma mère était incapable de me tendre la main, de me soutenir affectivement, d'essayer de me comprendre, de m'apporter un peu de tendresse. Elle ne mit pas une seule fois les pieds dans mon appartement de femme rejetée, puis divorcée. Comme bien des années auparavant, elle me laissa nager seule dans l'océan de ma solitude. Selon son habitude, elle préféra s'abriter derrière une armure d'acier au lieu de s'exposer à ses propres émotions.

J'avais plus de 50 ans lorsque je réussis enfin à la pousser dans ses retranchements, jusqu'à ce qu'elle m'explique la raison de son comportement. De cette solitude forcée dans laquelle elle me plongeait, alors qu'elle s'inquiétait toujours pour les fils célibataires de mon beau-père.

Elle me répondit que je n'étais qu'une femme, que je n'avais pas besoin d'aide !

Le lendemain, j'écrivis une lettre d'adieu… puis je partis sur un chemin de randonnée qui passe au-dessus du lac de Bienne. Je savais qu'il y avait là un ravin, suffisamment haut pour ne pas me rater. Et au fond duquel je pouvais espérer que personne ne retrouve mon cadavre avant l'hiver. Les êtres humains m'avaient trop fait souffrir. Je voulais reposer en paix, seule dans mon coin, sans personne près de moi. Il suffisait d'attendre l'instant où nul ne passait, puis d'enjamber la barrière et… de sauter dans le vide.

Moi qui aime tellement la nature, j'aurais pu partir plus loin, dans un autre canton, là où beaucoup de personnes se suicident. *« Je ne citerai pas l'endroit, pour ne pas transmettre d'idées négatives ».* Mais j'avais envie de rester proche de chez moi, un peu comme dans un cocon. Et c'est ça qui m'a sauvé la vie.

Il faisait beau ce jour-là. Le lac, au-dessous des vignes, était si bleu que les bateaux à voiles y paraissaient encore plus blancs que d'habitude. Les quelques dimanches où mon père avait réussi à imposer son droit de visite, il m'emmenait pour une promenade au bord du lac, à Yverdon. Ensemble, nous regardions les bateaux sous le soleil. Depuis, cette image a toujours été pour moi un symbole d'harmonie, de paix et de tranquillité. En regardant cette carte postale, j'ai compris que si je ne pouvais plus rien attendre du monde des humains, la nature et son créateur avaient, eux, encore de l'amour à m'offrir. C'est ce lac de Bienne, ce soleil, ces bateaux, mes quelques bribes de souvenirs heureux, ces vignes que j'aimais tant qui m'ont empêchée de sauter.

Finalement, où suis-je dans toute cette histoire ? J'ai parfois l'impression de marcher avec les souliers d'une autre personne. D'être simplement une narratrice, écrivant l'histoire d'un enfant croisé par hasard sur mon chemin ; une simple spectatrice regardant une petite fille se faire malmener pendant des années.

Je sais que tous les grands traumatisés de la vie fonctionnent de la même manière. Mais malgré cette réalité mathématique, j'ignore parfois comment faire pour me retrouver. Car si j'ai longtemps cheminé dans un monde parallèle, dédoublée entre ma vie actuelle et celle de l'enfant du passé, j'ai toujours été terriblement consciente de la réalité du monde à l'instant présent !

En fin de compte, je crois que nos chemins de vies sont recouverts de pièges : trous, cailloux, racines, sables mouvants… Il y en a pour tout le monde ! Et une fois ou l'autre, tous les habitants de cette planète se prennent involontairement les pieds dans un collet. Je crois que, même si certaines personnes prétendent avoir réussi leur vie à tous points de vue, elles traînent des ronces qui se sont accrochées à leurs baskets… refusant simplement de les voir ! Et parce que c'est plus facile de vivre en critiquant son voisin que de prendre ses responsabilités face à leur propre vécu, des gens passent leur temps à observer la chute de leur entourage. Concentrant leur esprit sur autrui, ils oublient qu'ils sont eux-mêmes dans un ravin. Que leurs genoux et leurs mains sont écorchés. Ainsi ils ont l'impression de moins souffrir, bien qu'ils demeurent malgré tout sous influence.

Certains promeneurs, et j'en ai fait partie, boitent pour soulager la douleur provoquée par un caillou entré par inadvertance dans une de leurs chaussures. Au lieu de penser à enlever ce gêneur, nous nous adaptons à la douleur. Ainsi, j'avais une peur panique des hommes, mais je l'ignorais. Alors j'ai trouvé un moyen douloureux pour m'en éloigner, un mari jaloux, plutôt que de me faire aider par une personne de confiance, puis de suivre une thérapie efficace pour trouver, peut-être, un amant digne de ce nom. Mais j'ignorais ce que signifie : se faire aider avec confiance.

D'autres citoyens, et là, je m'étonne d'en avoir rencontrés parmi les personnes que je considérerais comme gâtées dans leur enfance, imaginent partout des pièges qui n'existent pas, s'imposant ainsi du stress, voire des souffrances inutiles. Certains vont jusqu'à se persuader que tout, absolument tout, est complot autour d'eux. Ainsi, ils se posent comme victimes avant même de réfléchir. Et alors que, de par le monde, tant de personnes souffrent réellement à cause du mépris de leurs chefs d'État, une démocratie comme celle de la Suisse, qui accorde le droit d'initiative puis de référendum à tout citoyen désirant changer la constitution, devient sa pire ennemie, lors d'une simple épidémie. Lorsque je repense à mon enfance, puis à mon adolescence, j'avoue que j'ai souvent envie de me gratter la tête devant ce genre de comportement.

Restent ces individus qui nous encouragent à croire que nous sommes seuls responsables de nos choix, de nos réussites comme de nos déboires… ou, si vous préférez, de tout ce qui va mal dans notre existence. Selon leur conception de la vie, après avoir accepté mes opérations avec l'innocence d'un chiot, confiant dans les personnes qui le nourrissent, je devrais vivre aujourd'hui comme si toute cette torture n'avait jamais existé.

Cependant, tant qu'un enfant n'a pas eu de contact avec le monde extérieur, ceux qui l'entourent ainsi que leur manière de se comporter entre eux comme avec lui, sont ses uniques références à la réalité du monde. C'est valable pour moi, donc pour vous, et tous les mammifères que nous rencontrerons un jour ou l'autre dans notre vie. Pour survivre, il doit s'adapter et faire confiance aux adultes, parfois aux enfants plus âgés que lui. Alors comment peut-il prendre du recul pour réfléchir, puis en déduire que ce qu'on lui fait n'est pas normal, s'il ne connaît rien d'autre ?

C'est malencontreusement, LE phénomène qui accorde le plus de pouvoir aux personnes abusives, aux violeurs d'enfances. Et ce qu'il y a de plus absurde dans ce fonctionnement pathologique, c'est que de nombreuses personnes ont utilisé l'ordre établi pour mettre en avant leurs bonnes actions. À travers elles, par ses lois, la religion a engendré les premiers règlements, les premières barrières entre les humains, que nous avions construites dans nos âmes et nos cœurs. Ce qui offrit le plein pouvoir aux prêtres.

Le Christ est venu nous apprendre à ne plus pécher. Malgré cela, il était plus facile de juger l'autre et de le condamner que de lui tendre la main :

— Regarde, Dieu, le Christ et tous ses cousins ont dit... alors, tu vas obéir. Et tiens... ça, c'est le remède que j'utilise pour moi ; il est donc celui qui est bon pour toi....

Mais voilà, ces belles théories n'apportent aucune bénédiction, aucune véritable résilience !

Mes décideurs disaient à ma mère :

— Ce n'est pas définitif ; sa peau va repousser !

Et cela ne m'a rien apporté !

Nous étions en Suisse, dans les années 60.

Au fil des siècles, l'homme est devenu un sauveur de l'humanité, qui tue, torture, emprisonne... Mais indépendamment de ma foi personnelle, si ce que certains disent sur l'enfer est vrai, beaucoup seront consternés en arrivant devant les portes fermées du paradis.

Néanmoins, je doute que mon chirurgien ait été d'une quelconque confession, en dehors de l'orgueil et de la suffisance !

Chapitre 20

Mais Jésus les appela, et dit :
Laissez venir à moi les petits enfants,
et ne les en empêchez pas, car le royaume de Dieu
est pour ceux qui leur ressemblent.

Luc18/16

Alors que je discutais avec une voisine, je finis par lui dire avec le plus grand des sérieux :

— *Je m'excuse, mais je ne vous entends plus, il n'y a plus assez de lumière !*

J'avais plus de 40 ans. Et j'avais déjà prononcé cette petite phrase à plusieurs reprises, à des occasions différentes avant d'entendre vraiment sa résonance dans l'oreille de mes interlocuteurs. Elle était si logique et naturelle dans ma réalité ! Sauf qu'elle ne l'était pas, qu'elle n'avait même aucun sens dans celle du monde des entendants. Je n'avais jamais reçu de cours de lecture labiale, mais j'avais besoin de lumière pour entendre ce que disaient les personnes en face de moi ! J'en parle avec humour et pourtant, aussi étrange que cela puisse paraître, cette réalité de compensation fut une découverte pour moi. En effet, j'ignorais que, dans le monde des entendants, on comprend les mots parlés aussi bien la nuit que le jour !

Je sous-estimais aussi, et c'est incontestablement plus fâcheux, l'énergie qu'il me faut déployer pour « entendre » mon entourage. De même, j'ai réalisé très tard, trop tard, que par épuisement, j'avais parfois zappé une partie des informations reçues pendant mes années d'école, autant que dans mon travail. En revanche, j'étais épargnée par un grand nombre de cancans inutiles ! Car je ne me fatigue pas en cherchant à écouter ce qui, dans un monde de femmes, prend souvent la première place dans les conversations. Devoir me concentrer pour comprendre l'essentiel, en particulier dans une langue qui n'est pas la mienne, est suffisamment laborieux en soi. Je n'aurais jamais réussi à tenir le coup si j'avais fait les choses autrement.

Si mon handicap me gardait dans une certaine naïveté, il m'a aussi, inévitablement, isolée. C'est ainsi : si tu ne chantes pas avec les loups, ceux-ci te tourneront le dos et, pensant injustement que tu ne t'intéresses pas à eux, ils te jugeront sans même prendre le temps de t'interroger. La vie en meute est ainsi faite : l'homme condamne avant de chercher à comprendre et, le loup doit survivre. La vie est dure pour lui ; c'est du moins ce qu'il croit. Mais allez en Afrique et vous verrez à quel point la misère rend l'humain solidaire !

Pour ma part, j'ai toujours été très étonnée d'observer les commentaires que tant de personnes ont besoin de faire, sur tout et rien. Voici une petite anecdote qui m'amuse aujourd'hui encore :

Un matin de 2002, alors que je découvrais mon programme de soins à effectuer, je m'exclamai sur un ton quelque peu plaintif :

— *Ce n'est pas normal !*

Aussitôt, toutes mes collègues se tournèrent vers moi avec empathie :

— *Qu'est-ce qui n'est pas normal Dominique ? Tu as un problème ? Montre-nous ton programme. On peut t'aider ?*

Je n'ai pas tout de suite compris la réaction affable de ces dames. En fait, elles avaient pris l'habitude de me voir travailler sans jamais faire de commentaires, ce qui n'était pas leur cas, loin de là ! Du coup, elles se sont précipitées vers moi comme un seul homme, en déduisant que ma remarque devait avoir une dimension autre que leurs commérages habituels, alors que je venais enfin, pour une fois, de me comporter comme elles au quotidien ! J'en ris encore !

Après 40 ans, la capacité de concentration auditive diminue. Dès lors, étant sourde profonde du côté droit, cette réalité due à l'âge a signifié davantage de fatigue pour moi, particulièrement dans le bruit. Sans oublier que vivre avec des traumatismes tels que les miens, même s'ils sont pudiquement cachés, n'est pas une mince affaire.

Finalement, on me greffa une vis dans l'os du crâne pour y crocher un appareil auditif. C'est un professeur, enseignant dans une faculté de médecine et établi professionnellement à Berne qui réalisa cette implantation. Pourtant très occupé à des démarches bien plus honorables que ma petite personne, ce grand patron insista pour pratiquer cette opération lui-même, alors que n'importe lequel de ses assistants aurait aisément pu le faire à sa place… Ce qui aurait été bien plus logique et peut-être moins coûteux. A-t-il fait du bénévolat ce jour-là ? Je n'ai pas osé poser de questions. Je n'ai pas osé demander quoi que ce soit, tant les émotions liées à mes oreilles sont fortes chez moi.

Cependant, ce jour-là, lorsque je lui montrai spontanément la cicatrice sur ma poitrine après qu'il eut ausculté celles qui sillonnaient ma tête, je compris qu'il connaissait son existence… Pourtant, personne à Berne n'avait eu accès à un dossier vieux de 40 ans, concernant les détails de mes opérations ; personne ne pouvait savoir qu'on m'avait enlevé un bout de côte ! Mais lui, il savait ! Sans un mot, il échangea un regard complice avec l'infirmière qui l'accompagnait pendant cet examen. Habituée à capter la vie avec mes yeux, je compris alors qu'elle aussi, savait : ils en avaient visiblement parlé avant ma venue.

Un frisson parcourut tout mon corps, pendant qu'un ange traversait le cabinet médical. Je sentis le souffle léger laissé par son passage sur la peau de mon visage. Au bout de quelques secondes de silence, qui me parurent des heures, ce professeur confirma sans me donner plus de détails :

— *Oui je le sais. Le docteur M. ne s'arrêtait jamais d'opérer. Il n'acceptait pas la défaite. C'est pour cela que je n'opère jamais les enfants. J'attends qu'ils soient assez grands pour choisir eux-mêmes d'être opérés ou non. Ainsi, tout se passe mieux.*

Ce professeur était assez vieux pour avoir fait ses armes, à l'âge qu'avaient ses propres assistants aux jours de ma greffe. Je lui répondis timidement :

— *C'est l'assistant de mon chirurgien lausannois qui a conseillé à ma mère de faire stopper les opérations...*

Un lien invisible sembla soudain s'étirer entre lui et moi... Comme si nous étions happés par le temps, nous retrouvant alors dans ce couloir où ce jeune homme avait parlé à ma mère.... Lorsqu'il regarda à nouveau l'infirmière, je fus convaincue que le jeune assistant d'alors et lui, aujourd'hui en face de moi, n'étaient qu'une seule et même personne. Mais je n'osais pas le questionner plus loin.

S'asseyant près de moi, il m'interrogea avec toute la tendresse et la pudeur dont un être humain peut se montrer capable :

Madame, est-ce que je peux vous demander quelque chose ? Je sais que c'est extrêmement pénible pour vous et vous pouvez refuser si vous le désirez. Accepteriez-vous que la photographe de l'hôpital fasse des clichés de vos cicatrices ? Afin que je puisse montrer à mes étudiants ce qu'il ne faut jamais faire ! Je peux lui demander de venir, ainsi nous pourrions faire ça tout de suite, sans que vous ayez besoin de revenir. Cette photographe a l'habitude ; vous n'aurez pas à vous gêner devant elle.

Recevoir ainsi la confirmation que ce que la médecine a fait avec moi est une abomination à ne jamais commettre, ça fait mal... très mal ! En vérité, cette déclaration mit à vif ce que mon esprit gardait bien caché dans l'ombre d'une grotte, sous une montagne de silence et d'oublis, afin de moins souffrir. Malheureusement, seule la vérité peut apporter la lumière et nous éloigner des puissances mensongères et destructrices de Satan. Alors, j'ai accepté les photos : si les opérations n'avaient servi à rien, au moins mes cicatrices pouvaient-elles sauver quelqu'un de cette immonde torture !

La photographe, pourtant blindée par son travail à l'hôpital, secoua la tête à plusieurs reprises en me disant :

— *Jamais je n'ai vu une chose pareille !*

Mais il y a aussi du bon en tout ! Une fois le Baha®[17] installé, je découvris avec stupéfaction que mon oreille gauche ne captait pas toutes les fréquences. Pour la première fois de ma vie, j'entendis des notes légères et hautes dans des morceaux de musique que je connaissais par cœur !

Dès ce jour je partis pour une nouvelle aventure. Au commencement, lorsqu'une personne parlait, je tournais la tête du mauvais côté ! Et aujourd'hui encore, dès que mon appareil est branché, il m'est impossible de savoir où se situe la collègue qui m'appelle. En revanche, j'ai fait de très grands progrès en allemand. Et, quelle que soit la langue, une conversation sans bruit de fond, avec juste une à trois personnes, est devenue bien plus agréable pour moi.

Cependant et fort malheureusement, mon appareil auditif semblait me fatiguer davantage et les bruits de fond sont vite devenus insupportables. D'ailleurs, j'ignorais qu'il y en avait autant dans ce monde ! Lorsque plusieurs personnes parlent en même temps, j'ai le sentiment que ma tête va exploser ; mon cerveau s'épuise et je ne comprends plus rien.

Mais finalement, je reste un petit Sioux bien courageux. Je me lève tous les matins pour affronter chaque nouvelle journée que Dieu fait et, alors que je vois mes collègues entendantes s'épuiser dans notre travail sans jamais réaliser ce que je vis, j'apprends en silence ce que signifie vraiment le mot patience.

Et vous ? Qu'avez-vous appris de la vie ?

[17]. *Baha® : (Marque Déposée) Système d'implant qui se sert de la conduction osseuse pour transmettre le son dans l'oreille interne, quand l'oreille moyenne ne peut plus exercer sa fonction.*

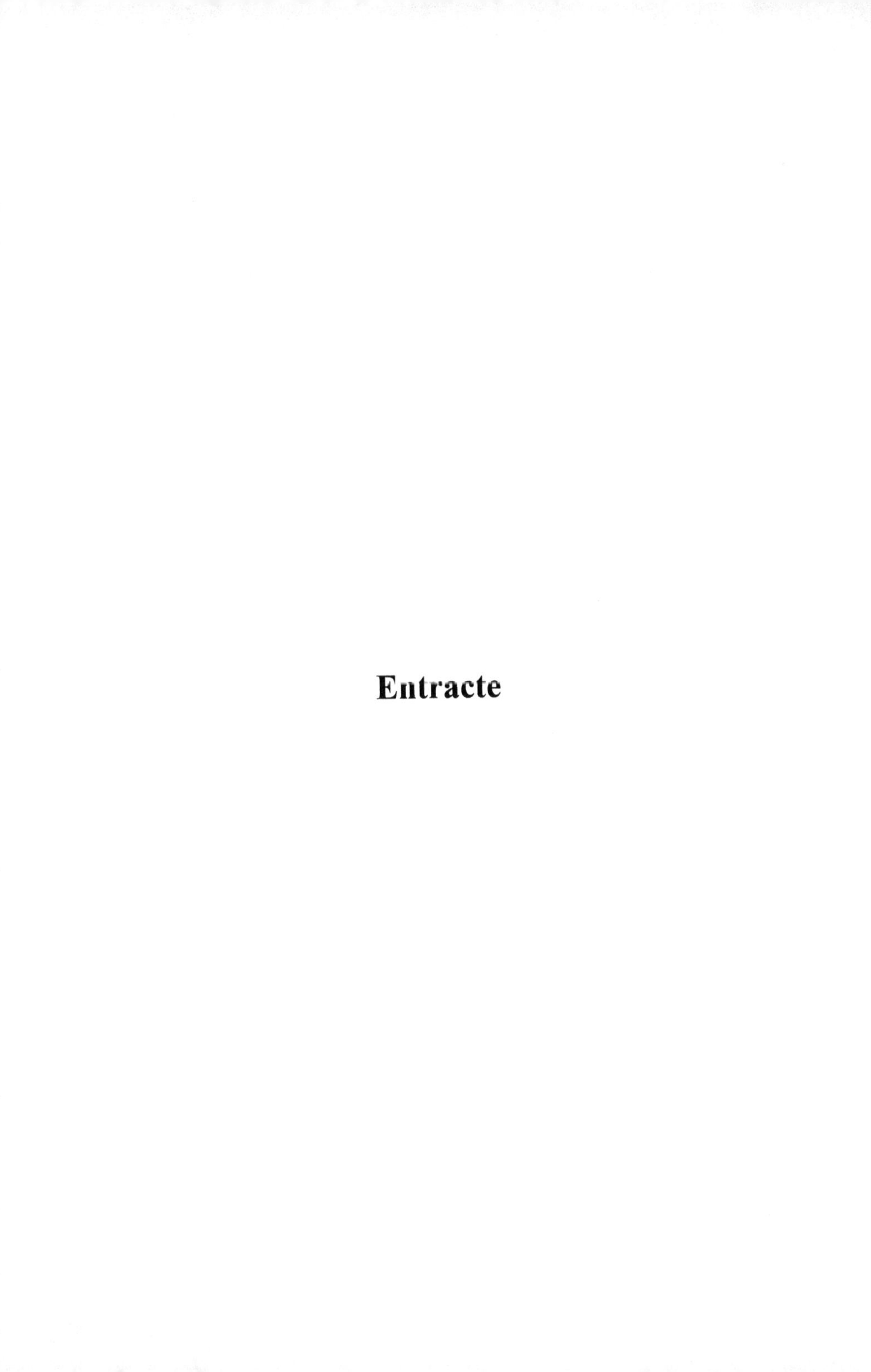

Entracte

FOXI3

C'est avec la bénédiction et les encouragements du professeur Antonorakis Stylianos, pour la rédaction de mon livre, que paraît ce court chapitre. Ce chaleureux et éminent personnage, qui travaille au département de médecine génétique et développement de la faculté de médecine à l'UNIGE, apporte une lumière sur mon handicap.

Il aura fallu attendre soixante années pour que je découvre enfin que mon handicap porte un nom : Le SYNDROME de GOLDENHAR. Décrit pour la première fois, dès 1952, par Maurice Goldenhar, un médecin ophtalmologiste Belgo-américain, à qui il doit son nom actuel, il désigne une « dysplasie oculo-auriculo-vertébrale » : la maladie qui a abîmé mon visage !

Un syndrome : cela sonne déjà comme une anormalité ; c'est un mot qui, d'office, vous met à part.... Syndrome de Goldenhar ! Endormie sous quelques dossiers durant plus d'un demi-siècle, voilà qu'en l'an de grâce 2013, cette découverte revient au jour, sous coupole de l'UNIGE[18] qui, conjointement à l'Université Beihang de Pékin, l'une des plus prestigieuses de Chine, a pu identifier le responsable partiel de cette maladie sous le nom de « gène FOXI3 ».

Gène-architecte, il contrôle l'expansion d'autres gênes pour démarrer la construction de l'oreille, notamment en produisant une

[18] Université de Genève.

protéine qui joue le rôle de facteur de transcription, explique le professeur Stylianos qui précise : « *Le mode de transmission, comme les mécanismes moléculaires impliqués, sont encore mal connus.* »

Mais il arrive que des variants de FOXI3 apparaissent au cours du développement fœtal. Alors, l'oreille se développe peu… ou pas du tout, comme ce fut le cas pour moi. Et elle entraîne avec elle d'autres anomalies faciales. Si mon oreille et ma face ont subi des revers, je découvre à quel point cela aurait pu être pire : certains de mes compagnons de galère ajoutent un retard mental à leur asymétrie faciale. Dans cette épreuve, j'ai de la chance : Dieu m'a gardé une réflexion saine !

Quoi qu'il en soit, cette découverte, remise sur le tapis de la Science, explique un peu mieux mes malformations et mes douleurs récurrentes : ainsi, je suis astigmate et le nerf optique de l'œil droit travaille plus lentement que celui de gauche. On supposait que la non-utilisation de ma pseudo-oreille droite provoquait la paresse de ce nerf et des autres organes du visage, logeant de ce même côté. Mais non : en fait, c'est une malformation qui fait partie du tout, comme celle de certains os de mon visage.... et, je le découvris plus tard, l'âge ou les douleurs aidant, d'autres dystrophies au niveau des os de la mâchoire, de ma nuque et de tout mon côté droit, tant sur mes os que sur mes organes… jusqu'aux reins.

Du coup, ces anomalies expliquent nombre de mes douleurs, ainsi que, pour une bonne part, l'arthrose qui s'est installée avec le temps… Et je sais aussi, maintenant, que ces douleurs seront toujours là, qu'on ne pourra pas faire de miracles… Il me reste donc un choix : me lamenter sur mon invalidité, ou prendre cette réalité comme un bienfait, m'obligeant à être tolérante vis-à-vis de moi.

Je choisis la seconde part… et je compte sur la grâce divine pour m'aider à la tenir jusqu'au bout.

À fleur de peau[19]

À fleur de peau, pour décharger son fardeau, elle peint
À fleur de toile, elle met les voiles
Et puis s'envole dans la nuit blanche, cueillir son étoile.

C'est tout le Ciel qui compte pour elle,
Quand elle voyage, du bout de ses pinceaux,
Autour de la lune, pleine à craquer
De tout ce qu'elle attend de la vie.
Je la regarde s'en aller…

À fleur de peau, pour décharger son fardeau, elle peint
À fleur de toile, elle met les voiles
Et puis s'envole dans la nuit blanche, cueillir son étoile.

[…]

C'est tout le Ciel qui compte pour elle,
Quand elle voyage, du bout de ses pinceaux,
Mais souffle le vent, tourne la terre
Et passées mille saisons, je la regarde s'en aller…

Nathanaël[20]

[19] Extraits.
[20] *Natanaël est auteur, compositeur, interprète. Le lecteur peut écouter ce texte intégral sur youtube : Nathanaël - À Fleur de Peau - LacoMusicProduction*

À fleur de peau, moi aussi… je ne peins pas, mais j'écris. Et c'est par l'esprit que je m'envole pour cueillir mon étoile, cueillir les mots de mes histoires.

C'est ainsi que vers mes 40 ans, je suis entrée en écriture, tout d'abord pour rédiger deux histoires amérindiennes relatant le combat de Vent-Sauvage, une enfant blanche abandonnée par sa mère puis élevée chez des Sioux et qui, en grandissant, découvre la puissance d'une foi capable de pardonner et de guérir[21]. J'ai mis tout mon cœur dans ces deux romans, mais aussi toute mon espérance. Sachant qu'un jour, l'amour et la tolérance apporteront la guérison et la paix aux âmes blessées par la vie.

Selon ma mère, écrire ce n'est pas travailler. Il faut avoir beaucoup de temps à perdre pour rêver alors que tant d'autres besognent, éprouvant fatigue et frustrations pour gagner leur vie. Pourtant, j'ai eu le temps d'apprendre ce que signifie *« transpirer pour gagner son pain »*.

Je le sais, écrire MON histoire me rend impudique et quelque peu narcissique aux yeux de certaines personnes : comme si j'estimais être la seule à souffrir dans la vie ! Comme si je voulais me rendre « *importante* » à travers mes mots ! Ces critiques sont si réelles qu'il m'a fallu plus de 50 ans pour arriver à rédiger ce texte. Pour passer au-dessus d'une étrange culpabilité, attachée à la souffrance de mes proches.

[21] *Vent Sauvage et Vent Sauvage-la révélation – Éditions Elzévir et Société des Écrivains – juin 2003.*

Et alors que je travaille sur mon ordinateur, j'ai parfois le sentiment que ces jugements rôdent comme des diablotins quelque part derrière mes épaules. Pour entreprendre ce voyage, j'ai dû comprendre que je n'étais pas responsable du vécu des autres personnes et que j'avais le droit de parler du mien. Que mon silence ne les aiderait pas, bien au contraire. Puis j'ai dû accepter le fait qu'il est impossible de vivre sans recevoir des critiques malsaines. Quant à leur éventuelle jalousie, elle ne me concerne plus. Car si je possède la volonté et la possibilité d'écrire, pourquoi ne pas le faire ? Cette responsabilité m'appartient, à moi seule !

Il a fallu un drame, un assassinat ignoble et monstrueux dans la famille de mon mari pour que je réalise une chose importante : témoigner, c'est déranger les *« bien portants »*, les *« chanceux »,* avec des histoires qu'ils n'ont surtout pas envie d'entendre. Leur philosophie de base étant tournée vers leur bien-être personnel, beaucoup d'entre eux préféreraient vivre comme si les malheurs du monde n'existaient pas.

La vérité dérange ! Elle a la faculté de nous plonger dans un monde d'émotions désagréables. Des émotions que ces personnes évitent, au point de nous demander de mentir, de porter un masque pour que notre souffrance et notre incompréhension du monde ne dérangent personne. Certains d'entre eux frémissent, à l'idée de devoir gérer les sentiments pénibles, que notre compagnie fera naître en eux. Finalement, ce n'est pas par hasard si ces personnes font rarement une carrière dans le domaine des soins.

L'important étant de ne pas perturber leur douce quiétude, je devrais pour être correcte, m'enfoncer dans ma solitude. Je devrais me taire ou hurler comme un loup, loin dans les profondeurs des bois.

Un loup, c'est une image forte, choquante pour beaucoup de personnes, en particulier pour ceux qui ne peuvent l'approcher. Parce que sa connaissance de la vie le force à demeurer en alerte, il reste souvent en retrait, pudique et méfiant. Et c'est bien connu : *« les personnes qui se suicident dans la solitude sont des lâches »* !

Mais les chanceux, les *« non lâches »*, qui sont-ils, eux qui refusent d'entendre ou de reconnaître l'indigence de ceux qui souffrent ?

— Je connais tes œuvres... Ainsi, parce que tu es tiède, et que tu n'es ni froid ni bouillant, je te vomirai de ma bouche. Parce que tu dis : Je suis riche, je me suis enrichi, et je n'ai besoin de rien, et parce que tu ne sais pas que tu es malheureux, misérable, pauvre, aveugle et nu...[22]

Dieu le sait, à cause de cette surdité émotionnelle et égoïste qui gangrène notre terre, trop de personnes sont mortes, seules dans leur misère. Quant à moi, devant *« la bravoure »* et les remarques blessantes des bien-pensants, j'ai compris que ma biographie pouvait être une main tendue vers ceux qui s'enterrent vivants dans le silence. Mes mots auront peut-être la chance d'aider, ou du moins de rencontrer les sans-paroles, qui ne savent plus comment sortir de cette spirale.

Mon témoignage dit à tous ceux qui se sentent différents dans leurs souffrances que les couleurs de leur cœur, de leur âme et de leurs émotions sont légitimes.

Et qu'elles sont partagées par d'autres... sans doute plus nombreux qu'ils n'imaginent.

[22]. Apocalypse 3 : 15 à 17

Partie 2

En ce moment même,
Jésus tressaillit de joie par le Saint-Esprit
et il dit : Je te loue, Père,
Seigneur du ciel et de la terre,
de ce que tu as caché ces choses
aux sages et aux intelligents,
et de ce que tu les as révélées aux enfants.
Oui, Père, je te loue
de ce que tu l'as voulu ainsi.

Luc 10 : 22

Chapitre 21

Lorsqu'il pleut dans nos vies,
nous devons chercher les petites fleurs
qui poussent sur notre chemin...

Dominique De Luca

Une telle vie vaut-elle la peine d'être vécue ? J'aurais envie de me poser un instant pour prendre le temps d'y réfléchir. Vais-je continuer cette excursion à travers les mots ? Toute cette souffrance, tous ces efforts, pour arriver où ?

Mes cuisses sont recouvertes de cicatrices jusqu'à hauteur des genoux et ma poitrine porte les marques de leurs expérimentations. À 60 ans ce n'est pas grave, mais à 5 ou 6 ans, 12 ou 14 ans, 18 ou 20 ans ? Tout cela, pour n'avoir aucun résultat positif : je n'entends rien de plus que lors de ma naissance ! Le but de cette randonnée de mots me semble maintenant si éloigné. Ai-je rêvé d'un sommet trop élevé pour moi ?

Je le sais, la haute montagne n'est pas de tout repos, même pour les personnes bien entraînées. Parfois, les émotions se mêlent à la fatigue et l'on ne sait plus s'il est préférable de continuer ou de revenir sur nos pas. De plus, je prends de l'âge. Alors, pourquoi ne pas rester sagement prostrée derrière mon poste de télévision ou un bon bouquin, sans réfléchir sur les comment et les pourquoi de la vie ? Toutefois je suis déjà allée si loin, j'ai affronté tant de démons. Ceux que je rencontre encore ne doivent pas m'arrêter ! Je veux leur montrer que je suis la plus forte ! Dans le cas contraire, j'aurais l'impression que ma vie n'aura été qu'une suite de défaites, inscrites dans mon ADN en même temps que toutes ces cicatrices. Alors non, je ne vais pas abandonner là !

Rarement je pleure, saisie par des émotions cachées en moi, depuis plus d'un demi-siècle. J'ai si souvent cheminé dans un monde parallèle, *« dédoublée »* entre ma vie actuelle et celle de l'enfant du passé… qu'il me semble parfois n'être qu'une narratrice écrivant simplement l'histoire d'un enfant maltraité qui, par hasard, aurait croisé mon chemin. Et, paradoxalement, me suit cette conviction d'avoir toujours été terriblement consciente de la réalité de ce monde et de ses dysfonctionnements. Mais même si je suis consciente de cette évidence psychologique, je me trompe encore souvent de route et j'ai bien du mal à retrouver mes vraies valeurs.

Toutes ces innocences peuvent poursuivre une victime sa vie durant. Car la vérité est si cruelle à entendre, ces démons sont si monstrueux à regarder, que certains adultes peuvent, plus ou moins consciemment, préférer la nuit à la lumière, l'oubli, quand ce n'est pas l'amnésie, au souvenir, afin de moins souffrir. Car plonger dans ses souvenirs est aussi douloureux pour une victime que vivre une nouvelle agression.

Alors que j'écris, la souffrance est telle, ces souvenirs si profondément ancrés dans ma chair, la conscience des effets secondaires si forte, que la mort parfois ne peut avoir qu'une lueur de paix et d'espérance pour moi. Ne plus souffrir, ne plus être manipulé par l'indicible, ne plus hurler en silence, seule dans mon lit ! Et là, je pense à tous ces enfants placés dans des institutions religieuses aux penchants autoritaires frisant le sadisme. Ces gosses de 5 ou 10 ans qui ont été élevés comme des soldats, sans aucune émotion positive, sans aucune tendresse. Ou alors, casés dans des familles d'accueil dans lesquelles ils devaient travailler dur, pour payer leur pain, sans que rien ni personne ne les protège des pervers de toutes sortes. Si certains d'entre eux ont eu de la chance, beaucoup d'autres ont connu la maltraitance, sans oublier les viols infligés aux filles autant qu'aux garçons.

C'est là tout un système qui fut imposé par les autorités politiques et religieuses, pour *« le bien des enfants »* et souvent contre la volonté de leurs parents aimants, mais trop pauvres aux yeux des *« saints aux mains propres »* pour élever *« correctement »* leur progéniture. Et tous ces orphelins de la Deuxième Guerre mondiale que l'on déplaça d'un pays à l'autre après la fin des combats, de l'Allemagne ou de Russie vers la France, afin de repeupler ce pays.

J'écris aussi pour tous ces sourds, que ces mêmes *« braves »* stérilisaient de force, afin qu'ils ne se reproduisent pas ! Pour ces enfants gitans, que l'on arrachait à leur famille *« pas comme il faut »*, pour tous ces enfants d'aborigènes et autres *« sauvages »* vivant de l'autre côté de la planète, arrachés à leur famille pour être *« civilisés »* de force.[23] Et je demande pardon à tous ceux que je ne cite pas. Ils sont si nombreux !

Combien de corps d'enfants ont servi au progrès de la chirurgie et plus particulièrement à la chirurgie plastique ? Je pense à tous ces petits Vietnamiens brûlés par le napalm que certaines ONG faisaient venir en Suisse pour y être opérés. Oh, je reste persuadée qu'ils étaient sincèrement humanistes en amenant ces enfants ici. Mais était-ce grave pour les médecins d'alors, si certaines opérations ne fonctionnaient pas comme ils l'espéraient ? Cela ne l'était pas vis-à-vis de moi… Alors, face à des enfants qui n'auraient, de toute manière, reçu aucun soin reconstructif chez eux… ?!

Oh, j'entends les procureurs de l'époque défendant toutes ces bonnes actions ! Mais qu'on vienne me regarder dans les yeux pour

[23]. *Ainsi fit-on des enfants d'Australie, entre 1870 et 1970 – La génération volée : France info.fr –28 avril 2021 –, ou des enfants de la Réunion, entre 1962 et 1983.*

me dire qu'aucun médecin, qu'aucun hôpital n'en a profité pour faire avancer la science, au détriment de notre bien-être, de la compassion et de la miséricorde ! Car il faut bien se l'avouer, même si cela nous arrache les tripes de honte et de douleur : s'il y a un domaine dans lequel l'expérimentation animale était difficile à faire, c'est bien celui de la chirurgie plastique !

Et lorsque je dis cela, n'imaginez pas que je sois pour l'abus, la maltraitance, voire la torture de nos petits frères à quatre pattes. Bien au contraire, car leurs souffrances sont pareilles aux miennes et leur incompréhension devant cette injustice, identique à celle que je vivais. Nous avons été placés maîtres de la Terre ; nous devrions les protéger ! Bien au contraire, nous les avons utilisés depuis les origines de l'humanité ; nous les avons fait souffrir, sans aucun égard, sans aucune pitié. Comme si tout cela était normal dans le meilleur des mondes ! Mais nous ne sommes pas propriétaires de cet univers et encore moins créateurs… juste méchamment destructeurs !

Inspiré par un moment de prière, un diacre qui ne me connaissait pas me dit un jour que j'étais une personne mise à part par Dieu. Alors, je me demande : suis-je mise à part ***à cause de***… ou ***grâce à*** mes souffrances ? Faut-il souffrir pour être aimé de Dieu ? Cette pensée me fait un peu froid dans le dos. Ou alors, cette prophétie est-elle censée être une consolation pour moi ? Car, malgré mes silences, ce feu est là, toujours allumé au fond de mon âme et il suffit de si peu pour le ranimer.

Il me reste une mince consolation : l'enfer est rempli d'âmes persuadées d'avoir eu raison, au point de détruire la vie des autres sans aucune pitié ! Toutes les minorités ethniques peuvent vous en parler ! Que cette frange soit culturelle, sexuelle, religieuse ou physique, ces témoins de l'indicible ont presque tous rencontré, un jour ou l'autre, des philanthropes désirant imposer leurs convictions par la force ou la ruse, sur ce qui est juste, conformément à leurs propres opinions.

À ce stade, une pensée quelque peu philosophique me semble pertinente : en réalité, je ne suis pas handicapée, je suis née… et voilà, c'est tout ! Personne ne vient au monde en sachant qu'il est différent des autres : noir ou blanc, grand ou petit, homme ou femme… Un pygmée, tant qu'il est dans son village, ne sait pas qu'il est un homme de petite taille. Et avant les grands explorateurs, avant que la route de la soie n'ait été tracée, qui savait que des humains avaient des yeux ronds et d'autres bridés ? C'est le contact avec nos semblables qui crée la couleur de nos vies. Un bébé qui vient au monde avec un handicap fonctionne à sa manière, sans se poser de questions.

Moi, quelle femme serais-je devenue si personne n'avait pointé son doigt sur ma différence ? Qui serais-je, si aucun adulte n'avait pris le droit de détruire une partie de mon existence ? Car même en dehors d'eux, j'ai appris à me débrouiller avec ça ! Comment ? Je l'ignore.

Cependant, je dois avouer qu'en 2013 j'étais épuisée, mon oreille gauche aussi. Avec ou sans appareil, j'avais de plus en plus de difficultés à comprendre mon entourage et les acouphènes augmentaient. Le bruit oui, mais définir un son, c'était une autre histoire. Épuisée par mon travail et ma vie privée trop remuante, mon cerveau n'en pouvait plus. Perdant l'équilibre, je tombais pour un rien.

Quelques années plus tard, le stress et la fatigue provoquant chez moi des problèmes de coordination, je finis par me casser le poignet en chutant pendant mon travail. Mon médecin fit une demande à la caisse-invalidité, pour que je puisse bénéficier d'une petite rente, censée m'aider à diminuer mon pourcentage de travail. Après examens, généraliste, psychiatre, neurologue, tous étaient d'accord pour appuyer sa requête. Mais la caisse-invalidité refusa de me soutenir. Selon eux, pour arriver à garder mon équilibre, je devrais faire de la physiothérapie deux fois par semaine, en plus de mon travail. Et malheureusement pour moi, je suis une guerrière, intelligente ! Or, les aides sont réservées aux plus faibles. En vérité, même les plus faibles ne reçoivent aucune aide. Et, manque de chance, à la suite de cette demande, j'ai perdu mon emploi dans les soins à domicile, une profession que je chérissais pour une multitude de raisons. Mais la vie peut être cruelle, c'est aussi simple que ça. Si vous ne le savez pas encore, cela signifie que vous êtes jeune et en bonne santé.

Les médecins voulaient que je travaille moins, alors mon employeur m'a proposé un emploi à 50 %, c'est-à-dire 21 h par semaine au lieu des 90 % que je réalisais. Mais tout le monde sait bien que vous ne déduisez pas la moitié de votre loyer ou de votre électricité, parce que vous êtes handicapé, trop fatigué et que vous travaillez moins !

Ne pas montrer vos faiblesses. Les cacher comme des trésors qui vous appartiennent. Respirer lentement, comme un samouraï... Vous priver de toutes sorties et de tous contacts humains, provoquant de la fatigue, pour pouvoir tenir le coup dans le monde du travail. Chercher des forces au-delà et ne compter sur personne pour vous aider... car personne ne vous aidera. Des individus qui essuieront leurs souliers sales sur vos souffrances, vous en trouverez, ça oui !

Finalement, j'ai repris un emploi à 90 %, dans un home médicalisé auprès de personnes démentes, à 50 minutes de trajet en voiture de chez moi. Alors que je travaillais à quinze minutes à vélo, pour une population multiculturelle et bigarrée en compagnie de laquelle j'avais de nombreux échanges et une réelle ouverture sur le monde.

Il paraît que lâcher prise sur notre passé peut nous aider à découvrir des trésors cachés, là où il ne semblait y avoir que frustrations. Et, curieusement, mon expérience à domicile m'aide tous les jours à dépasser les frontières psychologiques engendrées par la maladie.

Nono, le grand-papa de mes enfants, Italien du sud émigré en Suisse, a vécu l'époque de Mussolini. Prisonnier pendant la Deuxième Guerre mondiale, il fut envoyé dans un camp de travail en Allemagne, où beaucoup d'entre eux sont décédés. Pourtant, alors qu'une initiative populaire poussait les Suisses à voter pour chasser les étrangers de notre pays, il continuait d'enseigner à ses enfants de ne jamais cracher sur la soupe qui nous nourrit. Et je pense sincèrement qu'il avait raison.

Enfin, comme il faut toujours rendre à César ce qui appartient à César, je dois déclarer que la caisse-invalidité m'a offert un vrai cadeau, en m'offrant gracieusement des cours de lecture labiale ! Et ça, ce n'est pas rien ! Sauf que… la très sympathique monitrice qui me donnait ces cours privés avait un comportement étrange : au bout de plusieurs mois pendant lesquels j'entendais des réponses insolites de sa part, telles que : « *pas besoin de contrôler les factures ; je fais tout moi-même !* », j'ai fini par téléphoner à la caisse de Berne pour lui exprimer ma suspicion.

Comme j'aurais dû m'y attendre, je ne fus pas prise au sérieux. Cependant, l'année suivante, de plus en plus méfiante, je récidivai. Et je fus reçue par la même personne. Celle-ci me reconnut aussitôt et m'écouta avec attention. Elle reprit l'historique de mon dossier jusqu'à ce qu'ensemble, nous découvrîmes que cette charmante spécialiste de lecture labiale m'inscrivait à des cours qu'elle ne me donnait pas, mais facturait à la caisse-invalidité. Le montant que cet Arsène Lupin des temps modernes gagnait pour chacune de nos rencontres étant très intéressant, je peux vous assurer que la somme volée est impressionnante, voire scandaleuse ! Mais voilà, lorsque l'Assurance Invalidité, qui n'aurait rien remarqué sans mon alerte, tenta de se faire rembourser, ce fut sans même me dire merci. Quant à moi, j'ai perdu mon dû, c'est-à-dire mes cours de lecture labiale…

Finalement, cela a peu d'importance, car, avant que le Covid ne nous force à cacher nos lèvres sous un masque, j'arrivais déjà à utiliser cette méthode en allemand.

Chapitre 22

Par la route nouvelle et vivante
qu'il a inaugurée pour nous au travers du voile,
c'est-à-dire, de son propre corps,
approchons-nous donc avec un cœur sincère,
une foi inébranlable.

Hébreux10 : 20 & 22

La caisse-invalidité du canton de Vaud a déboursé une fortune pour cautionner l'ensemble de mes opérations. Un peu comme si ma vie en dépendait ! Alors faut-il condamner un système qui a violé le corps, l'esprit et l'âme d'un enfant sans jamais s'excuser ? Un système qui a détruit une grande partie de ma vie, assurément la meilleure ? Ces accusations pourraient-elles amener quelque chose de constructif pour moi ? Comme pour les témoins silencieux et souvent impuissants de toutes ces opérations ?

J'aime à croire que tous ceux qui se sont attribué le droit de prendre des décisions pour ma vie *« ignoraient »* le mal qu'ils me faisaient. Dans tous les cas, si j'avais porté plainte il y a trente ou quarante ans, ils auraient incontestablement plaidé leur innocence. Ainsi que leur détermination à vouloir réparer mon infirmité, en exploitant les technologies de l'époque ! Ont-ils spéculé que mon handicap leur coûterait davantage d'argent, une fois adulte et vieillissante ? J'en doute. Il conviendrait alors de se demander quel arbre cachait la forêt !

À force de regarder nos comptes en banque de près et nos voisins de loin, sans apprendre à les connaître, nous en venons à oublier que dans nos pays, trop de méchancetés, de saletés et de besoins de pouvoir se cachent derrière nos bonnes intentions, autant que sous la propreté de nos rues. J'aimerais pouvoir déclarer que j'exagère. Malheureusement non, loin de là !

Comment de tels systèmes pouvaient-ils et peuvent-ils encore aujourd'hui exister ? La réponse est simple :

— *Être civilisé signifie être capable de penser la vie comme un homme blanc occidental !*

Je sais que certains professeurs et philosophes pensent que l'illettrisme et l'obscurantisme suffisent à expliquer la manipulation des peuples. Qu'il faut donc instruire les hommes, leur ouvrir l'esprit vers l'acceptation de la différence, pour changer le monde. Effectivement, on peut penser qu'un être humain qui manque de sagesse et d'éducation soit incapable de raisonner avec altruisme. Mais dans ce cas, comment expliquons-nous l'empathie et la solidarité dont certains animaux et particulièrement les éléphants font preuve les uns envers les autres ?

Voici une réplique qui m'appartient. C'est une réponse quelque peu enfantine ; je ne l'ai pas apprise dans un livre de philosophie quelconque ou dans un pavé écrit pour nous enseigner le comportement humain. Non, cette réflexion, trop élémentaire pour être trouvée par des scientifiques, sort de mes tripes autant que de mes observations :

— *Ces systèmes de manipulation existent* simplement*, parce trop ceux qui les fabriquent, les décideurs ne savent plus penser avec le cœur !*

Le caractère de « ces *responsables* », leur éducation avec ses failles et ses côtés positifs, leurs propres frustrations, le système dans lequel ils travaillent et vivent, finissent par détruire cette part d'eux-mêmes, leurs cœurs, mais pas que… Leurs propres blessures non guéries, mais aussi le plaisir d'agir, les résultats mathématiques motivent certains d'entre eux. Ces motivations se nomment argent, gloire, reconnaissance, victoire sur l'existence, principes de vie. Et j'en oublie assurément beaucoup, comme le manque d'intelligence, de confiance en soi, en la vie aussi, le besoin de vivre avec des béquilles.

Que de barrières que ces décideurs aimeraient imposer aux autres, à tous ceux qui sont capables de vivre en dehors de telles prisons psychologiques. Des règles établies selon leur caractère, l'époque à laquelle ils ont vécu, leur hérédité… et trop souvent, malheureusement, selon les grandes religions auxquelles ils appartiennent.

Triste vérité que j'aurais préféré ne pas devoir nommer. Mais s'il existe des manières de vivre la foi qui nous libèrent, certains religieux compriment l'image de Dieu dans un monde fermé à l'humain, à son besoin de lumière. La mort, le sang, la sueur, la peur, des souffrances indicibles ont été infligées, admises, acceptées par des créatures fortes de leur supériorité intérieure de chrétiens civilisés. À une époque où l'église européenne, persuadée qu'elle était de pouvoir les condamner aux enfers éternels, n'hésitait pas à envoyer ses propres ouailles au bûcher. Quand elle ne se contentait pas de les excommunier au moindre faux pas !

L'Église catholique, cette glorieuse ambassadrice de l'Éternel, si austère dans ses convictions religieuses, a accepté l'esclavagisme, comme elle accepta, bien plus tard, les camps nazis d'extermination pour les Juifs, les homosexuels, les handicapés. Tout cela parce que, pour certains responsables de l'époque, l'esclave arraché à sa terre natale et à sa religion animiste, se voyait offrir l'aubaine inouïe de connaître le salut, donc la vie éternelle. Vu sous cet angle, ce trafic d'être humain devenait *« une bénédiction »* pour l'Afrique ! Et que dire de tous ces réformés qui se sont enrichis grâce au travail non rémunéré de ces pauvres âmes ?

Avec un minimum de discernement, nous devrions admettre que l'esclavagisme fut une monstruosité ! Mais non, pas du tout, puisque des esprits machiavéliques, se faisant passer pour la voix de Dieu, faisaient croire au monde occidental et musulman qu'ils étaient supérieurs et dominants sur tout ! Politisant la foi, la vraie foi basée sur l'enseignement du Christ, *« je ne peux pas parler de Mahomet que je ne connais pas »* donc, par déduction, sur l'amour du prochain et du partage, ils proclamèrent agir pour le salut des âmes et dormaient la conscience tranquille. Mais combien de sauveurs ont ainsi détruit la vie de ceux qu'ils prétendaient sauver ?

Aujourd'hui, si beaucoup d'Américains reconnaissent que le trafic d'esclaves est une réalité honteuse de leur histoire, d'autres affirment que mépriser leurs descendants à travers des manifestations d'extrême droite est une solution de facilité pour résoudre l'équation ! Penser cela prouverait toute l'immonde cruauté, la lâcheté et le comportement machiavélique des Blancs, pendant les quatre cents ans que dura ce trafic. Et affirmer que *« ces nègres »* sont de toute manière inférieurs à nous, est plus facile qu'admettre que les personnes dites *« de couleur »* ont une humanité identique à la nôtre. Qu'ils ont la même valeur que nous, la même douleur que nous devant les souffrances de la vie. Et qu'ils ont droit au même respect, à la même empathie.

À mon avis, il va y avoir du monde en enfer ! À nous de bien viser, pour ne pas avoir à passer l'éternité dans le même camp que tous ces conformistes aux pieds fourchus. Ou… finalement, trouvez vous-même le terme qui vous convient pour les qualifier !

Mais avant, imaginez la scène, maintes fois répétée dans les couloirs qui mènent au paradis : un homme, mais peut-être aussi une femme, s'étonne devant les portes fermées :

— *Qu'est-ce qu'ils attendent pour ouvrir ? Je ne comprends pas. J'ai pourtant toujours été correct(e). J'ai toujours fait mon devoir ! Grâce à moi, des milliers de personnes incultes ont entendu parler du Christ ! Tous les dimanches, je les obligeais à écouter la Bonne Parole ! Mieux que ça, je fouettais ceux qui refusaient d'écouter et qui n'en faisaient qu'à leur tête, restant fidèles à leurs ancêtres et à leurs anciennes religions !*

Ou bien celle-là :

— *Nous avons tout fait pour ta gloire, Seigneur ! Nos fils ont été punis à chaque faux pas. Notre fille a été enfermée dans un couvent, dans ta maison, pour avoir connu un homme avant son mariage. Et lui-même a été condamné aux galères afin d'expier sa faute ! Que devions-nous faire de plus pour mériter ta grâce ?*

Peut-être que certains médecins, certains dirigeants politiques et j'en passe, sont toujours *« là-haut »*, dans l'antichambre, à attendre que ces portes s'ouvrent, sans comprendre pour quelles raisons elles restent fermées…

Il est effrayant d'imaginer que des raisonnements religieux, glorifiés par la société des puissants, aient accompagné des mouvements ignobles comme la mise à mort des sorcières sur un bûcher, l'enfermement obligatoire des handicapés ou des filles-mères… etc., etc.

Alors finalement, est-ce que les athées auraient raison lorsqu'ils proclament :

— *Dieu n'existe pas, car s'il existait vraiment, tout cela et tant d'autres fléaux ne seraient jamais arrivés !*

Eux, au moins, essaient de responsabiliser l'être humain face à ses comportements. Ce qui les place plus près du cœur de Dieu que toutes les personnes osant prétendre que les malheurs du monde ne sont, en réalité, que des châtiments divins. Je suis dure, pensez-vous ?

Imaginez un peu ! Même la famine irlandaise de 1847, tuant plus d'un million de catholiques, a été qualifiée de punition divine par certains dignitaires anglais et protestants.[24] Et, jusque dans notre siècle, si développé, nous entendons ces réparties à propos de chaque épidémie traversant le monde !

Pourtant, ceux qui pensent que le SIDA est une punition de Dieu émettent un jugement servant à les protéger, eux, mais pas les malades atteints par cette maladie ! Cette manière de penser formule une explication logique, capable de les mettre à l'abri :

— *Moi, je suis sage et bon, donc il ne m'arrive rien. Les autres, en revanche, c'est-à-dire toi, vous, c'est une autre histoire... Dieu les punit ! Il vous punit, il te punit parce que ton comportement est honteux !*

Autrement dit : *« Tu souffres, donc tu es fautif ! »* Un peu réducteur, n'est-ce pas ? Qui sommes-nous devant l'immensité de l'univers, pour oser penser ainsi ? Des êtres possédant une âme et la conscience que quelque chose de plus grand que l'homme est au-dessus de nous tous ! Et chacun d'entre nous, aux quatre coins du monde, donne à ce *« Plus Grand »* un nom particulier, selon qu'il est né dans telle ou telle famille, tel ou tel pays ou tribu. Tout cela est une mathématique qui me donne aussi l'envie de me gratter la tête.

[24]. « Dieu a envoyé cette calamité aux Irlandais pour leur servir de leçon, c'est pourquoi elle ne doit pas trop être atténuée. » : Lettre de C. E. Trevelyan – 6 octobre 1846, citée par Jenifer Hart, dans : Sir Charles Trevelyan at the Treasury, English Historical Review, no 75, 1960, p. 92-110.

Mais voilà, si vous croyez à cette équation, sachez qu'il existe encore une autre manière de raisonner : Satan, que je pourrais nommer : le *« côté obscur de la vie »* pour rejoindre les non-croyants, que je respecte, prend un malin plaisir à nous faire croire qu'il connaît nos besoins. Et qu'il est capable de les mettre en lumière aussi bien, si pas mieux que le Christ. Et cette dimension, d'un *« Plus Grand que nous »* est tellement importante. Si profondément ancrée dans chacune de nos identités que les hommes, sont prêts à tuer ceux qui refusent de baisser la tête devant les dieux qu'ils créent ou d'y croire. Pendant que d'autres acceptent de mourir pour leurs convictions, au lieu de lâcher prise.

La mort du Christ sur la croix, puis sa résurrection sont peut-être le chemin qui conduit à l'Éternité. Je le crois, moi qui suis chrétienne. Mais je pense surtout qu'il est la preuve vivante que l'Amour est la chose la plus difficile à enseigner sur cette terre.

Cependant, Dieu est Amour, un point c'est tout ! Alors, évitons de nous disputer avec tous ceux qui veulent nous faire croire le contraire. Le Christ est Pardon, il n'est pas vengeur ! N'a-t-il pas dit sur la croix ?

— *Père pardonne leur, ils ne savent pas ce qu'ils font !*

Au lieu de dire :

— *Père, punis-les et venge-moi !*

Est-ce que mon chirurgien a demandé pardon pour le mal qu'il m'a fait avant de mourir ? S'est-il posé des questions ? A-t-il cherché les raisons de son comportement vis-à-vis d'une fillette de 4 ans. Puis devant mon corps recouvert de cicatrices et celui de la femme, l'amante que j'allais devenir ?

Moi, j'ai l'impression que les victimes cherchent, puis offrent avec plus de sincérité le pardon que leurs bourreaux. Je ne parle pas du soldat qui doit presser sur la détente pour empêcher son ennemi de le tuer. Encore que… ce soldat se sentira plus facilement coupable, aura davantage besoin de pardon que le général ou le président qui l'a envoyé au front. Car devoir la vie à la mort de son adversaire ne passe pas inaperçu dans l'âme des survivants. Une logique difficile à comprendre pour une personne sagement assise dans son salon, dans un pays en paix !

Pour ma part et pour des raisons que j'ignore, la vie m'a fait rencontrer des personnes qui n'ont pas eu cette chance :

— *Alors, pourquoi ne pouvons-nous pas prier pour venger la souffrance des plus faibles ?* pourriez-vous me demander avec bienveillance.

— *Parce que Dieu pardonne et désire sauver le maximum de personnes ! Car il est fondamentalement bon avec tous les hommes ! Et parce que nous aussi, nous sommes des pécheurs auxquels il a pardonné. Donc, si nous comprenons la puissance de ce pardon, à notre tour de pardonner aux autres, le mal qu'ils font, qu'ils nous font.*

Oui… oui… il est peut-être aussi un peu naïf Jésus ? Comme tous ses disciples d'ailleurs ! Du coup, à cause de sa gentillesse, les méchants peuvent se laver les mains grâce à la bonté de leurs victimes. Et de ce fait, ils gagnent la bataille sans même avoir à demander pardon ! Puisque leurs fautes seraient ainsi effacées…

Cela donne envie de claquer la porte, de fermer ce livre et de l'abandonner dans un coin. Sauf que ce n'est pas que pour le bien de nos tortionnaires, que Dieu nous demande de prier pour eux ! Il affirme qu'en agissant ainsi, ce sont des charbons ardents que nous amassons sur leur tête.[25] Alors, quoi qu'il arrive dans nos vies, il faut toujours revenir à l'essentiel : l'amour de Dieu ! Et de là, savoir que notre Père spirituel veut nous protéger sous son aile. Pourquoi ? Parce

[25]. Proverbes 25 : 22 – Romains 12 : 20

que le sentiment de vengeance nous éloignerait de cette paix surnaturelle qu'il prescrit pour tous ses enfants !

Cependant, la passion du Christ va bien au-delà, vers la résurrection, vers l'amour infini. Au point qu'il nous demande de prier pour nos ennemis. Ce n'est pas à nous de les juger ; il se chargera lui-même de leur rétribution. Faites-lui confiance, car ses mots sont tellement loin des nôtres :

— *Lève-toi et tiens-toi sur tes pieds ! Car je te suis apparu afin de te désigner comme serviteur et témoin, aussi bien des choses que tu as vues que de celles pour lesquelles je t'apparaîtrai en te mettant à part du milieu du peuple et des nations vers lesquels moi, je t'envoie, pour ouvrir leurs yeux, pour qu'ils se tournent des ténèbres vers la lumière et du pouvoir de Satan vers Dieu, pour qu'ils reçoivent, par la foi en moi, le pardon des péchés et une part avec ceux qui sont sanctifiés.*[26]

Que c'est difficile ! Si je ne prie pas pour mes tortionnaires, vais-je être punie au même titre qu'eux ? Aïe ! Cette histoire de religion basée sur l'amour, pourrait-elle commencer à me déplaire ?

— *Laissez pousser ensemble l'ivraie et le bon grain jusqu'à la moisson et, au temps de la moisson, je dirai aux moissonneurs : enlevez d'abord l'ivraie, liez-la en bottes pour la brûler ; quant au blé, ramassez-le pour le rentrer dans mon grenier*[27].

La moisson, c'est la fin du monde ; les moissonneurs, ce sont les anges. De même que l'on enlève l'ivraie – *la mauvaise herbe* – pour la jeter au feu, ainsi en sera-t-il à la fin du monde : le Fils de l'homme enverra ses anges qui arracheront de son royaume tous ceux qui commettent l'iniquité, ainsi que leurs œuvres. Ils les jetteront dans la fournaise, là où il y aura des pleurs et des grincements de dents. Quant

26. Actes 26 : 16 à 18.

27. Mathieu 13 : 29 à 30.

aux justes, ils resplendiront comme le soleil dans le royaume de leur Père.

— Celui qui a des oreilles, qu'il entende ![28]

Ce qui signifie que l'humanité tout entière finira par payer le prix promis de ses choix et recevra la récompense de ses œuvres. Car les bonnes actions que nous faisons obtiendront aussi leurs récompenses.

J'aimerais pouvoir m'arrêter là. Écrire que, cette fois, j'ai fini de vider mon sac. Le chapitre est clos puisque Dieu s'en occupe ! Je n'ai plus qu'à envoyer mes meilleures salutations. Mais toutes les personnes torturées, abusées et autres le savent : cela serait illusoire, tellement loin des conséquences subies au cours de notre vie entière.

28 Matthieu 13 : 43

Chapitre 23

Ne juge pas ton vis-à-vis.
Dans tes pourquoi, il y a peut-être des souffrances
que tu ne peux imaginer…

Dominique De Luca

Les effets secondaires liés aux traumatismes n'ont été réellement découverts que pendant la Première Guerre mondiale. Des médecins ont observé des étrangetés dans le comportement des soldats revenant des tranchées : certains d'entre eux, tremblant de tous leurs membres, n'arrivaient plus à marcher alors que rien ne les empêchait de le faire. D'autres, sans aucune blessure apparente, ne pouvaient plus parler, perdaient l'odorat et le goût ou restaient anéantis par une fatigue incommensurable. Se mémorisant leurs camarades décédés dans des conditions effroyables, des militaires furent saisis par des états de stupeur paralysante ou des convulsions.

Un médecin commença alors à parler de névroses de guerre. Mais il restait une question importante : est-ce que ces soldats feintaient pour éviter d'être envoyés à nouveau au front ?

Puis vint le temps de la Seconde Guerre mondiale et, dix ans plus tard, celui de la guerre au Vietnam. C'est à ce moment-là que la médecine admit définitivement le lien entre les traumatismes vécus par les survivants et l'étrange attitude que ces soldats américains manifestaient à leur retour. Cherchant à oublier, par tous les moyens, des événements dont le souvenir faisait encore hurler leur âme de douleurs, ils extériorisaient des névroses de toutes sortes : suicide, alcoolisme, drogues, clochardisation… La médecine finit par donner le nom de *« stress post-traumatique »* à ce phénomène.

Alors que j'avais plus de 50 ans, un évènement est survenu dont je ne suis pas très fière. Ce jour-là, sans un miracle survenu de je ne sais où, je ne serais plus là à pouvoir vous en parler. Il était prévu que j'aille dans une église pour écouter un concert donné par la chorale de mon mari. Celui-ci en informa ses amis qui ne m'avaient encore jamais vue. À mon arrivée, la douzaine de chanteurs présents fit un mouvement collectif dans ma direction. Oh, personne ne manifesta une quelconque mauvaise ou malsaine intention, bien au contraire ! Ce fut simplement un mouvement de bienvenue, inconsciemment pimenté d'un peu de curiosité bienveillante et dénuée de toute agressivité. Et pourtant… unis face à moi comme le personnel soignant attendant mon arrivée en salle d'opération, leur spontanéité provoqua en moi une peur panique, un réflexe de survie d'une intensité insoutenable…

À cet instant précis, ma panique fut telle que le souhait d'égorger de mes propres dents celui qui s'était rendu si gentiment coupable d'avoir signalé ma présence, en l'occurrence mon mari, m'avait saisie avec un réalisme qui n'a rien à voir avec un film d'horreur. Fuyant cette pseudo-réalité au volant de ma petite voiture, je faillis me jeter contre le mur à l'entrée d'un tunnel, au risque de provoquer à coup sûr un accident mortel pour ma personne. Et j'affirme avec conviction que quelque chose qui n'est pas moi a tenu, l'espace de quelques secondes, mon volant, dans la bonne direction. Ce jour-là, miracle il y eut, tout simplement !

De retour à la maison, en sécurité dans mon foyer, j'ai pu reprendre mes esprits. Ces émotions avaient été si fortes que je voulus en savoir davantage sur ce phénomène. J'avais besoin de déchiffrer ce qui provoqua ce tsunami en moi. J'entrepris donc des recherches sur Internet. Et je compris que le mouvement de ces choristes vers moi avait réveillé les fantômes de mon enfance. Ceux-là même qui avaient abusé de mon corps durant mes années d'hôpital. Sans le vouloir, les amis de mon mari avaient ouvert, à leur insu, une brèche énorme dans ma cuirasse.

Croyez-moi, c'est franchement déplaisant à vivre. Particulièrement lorsque ces réactions inattendues risquent de provoquer la mort d'une personne, voire votre propre décès. Le but de mes neurones n'était pourtant pas de mourir ce jour-là, mais seulement d'échapper aux fantômes qui me poursuivaient. Car oui, parfois la mort est plus douce que la torture ou le viol collectif, donc plus douce que de vieux souvenirs qui, eux, ne sont pas imaginaires.

Mais qui oserait l'arrogance jusqu'à se croire au-dessus de cette loi psychique ? Personne n'y échappe ! D'un seul coup, vous perdez pied et tout contact avec la réalité. D'une seconde à l'autre, une force mystérieuse s'empare de votre vie et réagit à votre place… comme si vous deveniez un inconnu pour vous-même, une marionnette pour vos émotions.

Ces hommes qui chantaient pour Dieu avaient simplement tourné leurs épaules et leur regard vers moi, heureux de pouvoir enfin mettre un visage sur mon prénom. Et ce sont peut-être leurs chants, toutes les bénédictions qu'ils appelaient sur terre qui m'ont sauvé la vie ce jour-là, en tenant le volant de ma voiture jusque chez moi !

Puis, en approfondissant mes recherches, j'ai découvert avec effroi que certains traumatisés, spécifiquement des victimes de tortures, peuvent se donner la mort pour échapper à un tortionnaire n'existant que dans leurs souvenirs. D'autres même, sous l'effet post-traumatique de la peur, sont capables d'assassiner une personne qui s'approcherait d'eux avec des intentions pacifiques. Il suffit que leur interlocuteur ait la même gestuelle, qu'il possède la même stature qu'un de leur tortionnaire, qu'il dégage la même odeur, le même parfum ou qu'il ait le même accent, la même voix, pour provoquer une crise de panique aiguë.

La hantise que tout recommence détruit à ce point l'âme et l'esprit de la victime, qu'un bienfaiteur peut se retrouver assommé ou égorgé avant d'avoir pu s'expliquer. Je le confirme : il s'agit bien là d'un combat quotidien qui peut poursuivre une victime jusqu'à la fin de sa vie. Rien ne peut raisonner un être humain qui a été battu, brûlé, écorché, transpercé sans avoir le droit de se défendre. Et un enfant, qui ne connaît rien d'autre, restera jusqu'à sa mort avec le souvenir de ses besoins de protection non respectés.

J'en ai connu de ces gens qui ne pouvaient ou, ne voulaient pas comprendre ! Et qui se posaient toujours là, à critiquer sans savoir, incapables qu'ils étaient de ressentir nos émotions. Dans notre culture occidentale, nous avons tous de tels amis, prêts à nous dire ce que nous devrions faire pour arriver ici ou là, prêts à perdre leur énergie à vouloir nous compléter… Alors que nous sommes juste des personnes profondément traumatisées ! Étrangement, ce sont elles, imbues de ce qu'elles croient savoir ou pouvoir faire que mon mari angolais[29] qualifie de *« non complètes »*, d'*« absentes à la réalité des autres »*. Cherchez qui détient la vérité !

Elle n'est pas difficile à trouver ! Si vous me montrez une carte géographique pour m'indiquer mon chemin sans que je vous aie sollicité pour quoi que ce soit, sans me demander si j'ai mal aux pieds ou à l'âme, parce que vous savez que ma réponse pourrait vous mettre mal à l'aise, alors vous rejoignez ces absents à ma réalité… Aussi, avant toute autre chose, je vous supplie de ne jamais dire à une

[29]. *L'Angola a connu 30 ans de guerre.*

personne dont vous ne connaissez pas la sensibilité cette petite phrase assassine :

— *Tu n'as qu'à faire ça ou ça pour réussir !*

Écoutez-la plutôt avec le cœur, puis dites :

— *Il me semble que je ferais ça ou ça à ta place. Mais je ne suis pas à ta place !*

Là, j'ai envie de poser une question à mes lecteurs :

— *Qui peut me dire à quoi servent nos deux bras ?*

— *À travailler, bricoler, porter, déplacer des charges,* répondront certains.

— *Sans bras, nous ne pouvons pas manger, nous habiller ou nous laver*, ajouteront d'autres.

— *Une fois levés, nos deux bras servent à louer Dieu,* proclameraient avec raison certains de mes amis.

Quant à moi, je sais qu'ils servent aussi à notre défense, à dévier les coups d'un ennemi, à maintenir un danger ou tout autre dérangement indésirable loin de soi. Tout cela est vrai. Cependant je pense qu'ils sont avant tout faits pour soutenir les plus faibles, embrasser, porter, consoler, aimer un frère humain ou un animal pour le consoler… ou se consoler soi-même en cas de chagrin. Car nos deux bras protègent notre cœur et nous permettent de nous lover dans le ventre de notre mère, bien au chaud, en sécurité loin de toute agression et de toute souffrance.

Les spécialistes le disent et des centaines de livres ont été écrits à ce sujet : les premières années de la vie sont déterminantes pour la formation du caractère et du comportement d'un individu. Ce qu'il apprend est primordial et va influencer une bonne partie de ses choix, de ses comportements futurs.

Ce qui m'a peut-être permis de survivre, c'est d'avoir toujours été consciente que, dans la brousse, le lion mange les gazelles. Et c'est normal. La vie sur terre est ainsi faite.

Mais qu'en est-il d'un homme attaché, les bras en croix ? Il n'a même plus la possibilité de s'autoconsoler. Tout son corps, son cœur et surtout son âme, en un mot son être entier, est offert au pouvoir de ses tortionnaires. Même cette petite capacité que nous possédons tous de pouvoir retourner nous blottir, inconsciemment, dans le giron maternel lui est enlevée. On lui retire tout droit de se protéger, toute reconnaissance d'humanité. Et ce sentiment de n'être plus rien, juste une proie à la merci des autres, moins qu'un déchet, personne ne pourra jamais le lui faire oublier ! Les cris de son âme résonneront bien plus longtemps dans les profondeurs de son être que ses cris de douleur et de peur, aux oreilles du monde.

Chapitre 24

Assieds-toi près d'un chêne, hume son odeur.
Ressens sa force qui te rappellera la tienne.

Dominique De Luca

Que dois-je penser de toute mon histoire ? Que pensent les personnes *« comme-il-faut »* lorsqu'elles lisent un témoignage tel que celui-ci ? Et d'ailleurs, qui sont ces personnes qui m'ont toujours donné le sentiment d'être inférieure à eux ? Ces profs ou ces camarades d'apprentissage par exemple, qui voulaient refaire mon éducation. Tous ceux qui ont appris à changer de culotte et de chaussettes tous les jours, à parler sans jurer. Ceux qui avaient une certaine culture, qui allaient en vacances, écoutaient des concerts et qui, surtout, marchaient dans la vie selon un certain modèle. Nous, nous n'étions pas de la même classe sociale qu'eux. Et alors ? Car sans cadre, l'horizon est simplement plus large.

Secouées par le Covid, ces personnes se sont battues entre eux pour une question de vaccin ! Au lieu de dire merci pour la vie, ils prennent le risque de contaminer les plus faibles en voyant le diable partout ! Mais il n'y a rien de nouveau sous le soleil. Et finalement, rien de surprenant à ce comportement. Car à force de parler de Satan sans le voir, ils l'inventent !

Que pourraient me dire des pasteurs, des instituteurs, des travailleurs sociaux, des médecins ? Des professionnels qui exercent ces métiers pour se sentir exister, pour mettre du sel, du sens, dans leur propre existence ? Que diraient à ce propos tous ceux qui étudient dans de hautes écoles, pour aller sauver le monde et ses malheureux occupants ? Et ceux qui ont tenu les étrangers à l'écart, au lieu de s'en approcher pour apprendre à les connaître ? Sont-ils capables de faire descendre l'amour de Dieu sur cette terre pour tous les traumatisés de notre sainte planète ? Sont-ils capables de toucher, l'enfer du bout des doigts pour en connaître le goût ? J'ai des doutes ! Ce n'est pas par hasard si les institutions s'occupant de drogués ou d'alcooliques engagent d'anciens toxicomanes pour les aider à entrer en contact avec leurs pensionnaires.

Pardonne mon effronterie, Jésus ! Mais les gens *« bien comme il faut »* me fatiguent à vouloir posséder la sagesse du monde.

Dans cette société qui prône le confort de vie et l'émancipation religieuse, nous vivons une époque où tous les spécialistes occidentaux en psychiatrie et psychologie sont *« over -méga-stressés »*, tant le nombre de leurs clients augmente. Pourtant la Grande Histoire témoigne : cela n'a pas toujours été le cas et ne l'est pas pour une partie des habitants de cette planète.

Lorsque l'existence était plus inconfortable qu'aujourd'hui, les hommes possédaient un instinct de survie et une rage de vivre plus efficace que les nôtres. Rien n'était gagné d'avance. Il fallait se battre pour cultiver la terre et cuire le pain quotidien. Pas de vacances et, dans le meilleur des cas, juste un jour de congé par semaine pour aller à l'église ! Nous avions des maladies, mais pas d'antibiotiques, des rhumatismes qui déformaient les mains, mais rien pour les soulager. Pas d'eau courante, pas de chauffage central et j'en passe…

La peine et la lutte pour la pérennité font partie de la vie, autant que la joie et le partage. Mais voilà, en voulant s'émanciper de la religion, les hommes ont oublié cette sagesse et le monde est devenu individualiste ! Les femmes ont voulu travailler hors de la maison ; beaucoup d'entre elles ont revendiqué le droit de vivre comme leur compagnon. Ce n'est pas une mauvaise chose en soi. Car mettre tous ces citoyens à la même enseigne, sur un même pied d'égalité, est l'ABC qu'une société puisse réaliser en matière de progrès social ! Penser qu'il a fallu se battre pour en arriver là, dans des pays qui se disent civilisés, est quelque peu honteux, à mon avis !

Malheureusement, nous avons voulu *« jeter le bébé avec l'eau du bain »*. Nos grands-mamans détenaient une richesse et un pouvoir que les féministes ont trop souvent sous-estimés : la solidarité familiale et intergénérationnelle ! C'était une mission démesurée, une valeur sûre que les femmes se transmettent d'une génération à l'autre depuis plus de quatre mille ans. Et nous en avons perdu les fruits, au bénéfice d'autres, moins savoureux, plus individualistes !

Pour avoir fait des soins à domicile depuis 1970, j'ai vu un énorme changement dans l'organisation des familles, particulièrement vis-à-vis des enfants et des personnes âgées. Aujourd'hui, à cause du manque de disponibilité des femmes, nous déléguons souvent l'essentiel de la vie en communauté, aux professionnels. Et les caisses maladie ainsi que les politiques pressent ces mêmes professionnels pour des raisons économiques. De telle manière, qu'ils ont de moins en moins de possibilités pour offrir ce qui, ne coûtait rien d'autre que du temps, de l'amabilité réciproque aux générations passées, pour l'entraide nécessaire aux plus faibles, aux plus démunis.

Prendre le temps de reconsidérer le tout nous permet de réaliser que ces petits *« riens »* rapporteraient une fortune aux caisses maladie, en économisant des médicaments, particulièrement des psychotropes, mais aussi des lits d'hôpitaux et d'hospices. Ces petits riens sont le temps, puis l'affection nécessaire pour écouter et donner de l'importance à ceux qui sont fatigués par une vie de labeurs.

Une partie du monde, en particulier l'Afrique et l'Inde, nous le prouve : un bébé pauvre, mais massé, porté avec amour sur le corps d'un adulte, sera toujours plus heureux et épanoui qu'un bébé bien nourri, dont personne ne se soucie. C'est vrai au point qu'aujourd'hui, certains hôpitaux des États-Unis d'Amérique engagent des retraités pour porter les prématurés contre leur poitrine.[30] Et, depuis 2021, un hôpital strasbourgeois s'est lui aussi lancé dans la pratique de ce *« peau à peau »* dont la médecine commence à reconnaître les nombreux bienfaits.[31] Et un vieillard qui se sait exister pour les siens, luttera mieux contre la dépression et les maladies.

Finalement, au fil des ans, les humains m'ont enseigné ce que Dieu, protecteur de la famille et de chacun d'entre nous, a lui-même en horreur !

Qui suis-je pour affirmer ça ? Une personne, qui après être passée par de nombreuses souffrances, lesquelles ont engrangé autant de traumatismes, a rencontré un guérisseur très particulier, venu au monde dans une écurie, dans l'humilité la plus totale, afin que le moindre souffle de vie ose s'approcher de sa grâce avec pudeur, et surtout avec confiance. Lui, n'a cessé d'enseigner aux hommes les remèdes de l'amour jusqu'au sacrifice suprême de sa propre vie, sur une croix !

N'a-t-il pas dit que tendre la main à un être dans le besoin, homme ou animal, ne trahit pas la loi du Sabbat écrite par ses ancêtres ? Lui, le chaman par excellence, n'a-t-il pas pleuré lorsque son ami Lazare

[30]. *France Info du 9 janvier 2019 : Le câlin, un remède pour le bien-être des nouveau-nés prématurés.*
[31]. *France Info du 18 novembre 2021.*

est mort, avant de le ressusciter ? Comment pourrait-il concevoir cette dureté, qui transforme le cœur des hommes en pierre ? Jésus est l'amour. Il est la vie, le vin et le pain multipliés à l'infini, la charité qui aime tout particulièrement les petits enfants.

Les protestants de mon pays ont apporté la richesse matérielle au travers du matérialisme. Une richesse basée sur le labeur et la gérance des biens, l'économie et la rigueur. Ils ont créé des usines, des banques ; certains sont allés jusqu'à placer de l'argent en achetant des bateaux négriers… puisque seul le travail avait de l'importance pour eux. Cachant leurs exigences de richesse et de pouvoir derrière la religion, ils ont imposé leurs convictions en lieu et place de l'amour de Dieu, à tous ceux qui vivaient différemment d'eux. Alors, offrir une main pour réchauffer la joue, et du même coup le cœur et l'âme d'une petite fille qui a mal et se sent seule, apeurée devant des adultes abuseurs de son corps… c'est devenu, au fil des siècles, un geste superflu !

Enfin, c'est la seule excuse que je puisse trouver pour expliquer la froideur de ma maman. Et je sais que je ne suis malheureusement pas très loin de la vérité.

J'en déduis que l'ambition ne s'accorde pas souvent avec l'humilité. Alors que c'est justement ce trait de caractère qui nous assoit auprès d'un être humain en souffrance, pour lui tenir la main. Nous pouvons diriger un hôpital, un home médicalisé, une ONG… si nous perdons l'essentiel, nous perdons simplement le sel de la vie, celui dont les hommes en souffrance ont le plus besoin ! Plus notre cerveau se remplira de théories toutes faites, d'objectifs que nous désirons atteindre, parce qu'ils nous donnent du pouvoir, plus notre narcissisme éloignera nos pieds et notre cœur de l'exemple d'amour enseigné par Jésus de Nazareth, pour nous approcher de nos frères humains. Mère Thérèsa, l'abbé Pierre, Sœur Emmanuelle ont ouvert leur cœur, chacun à sa manière, à tous ceux qui voulaient comprendre.

Et même si le peuple, en temps de crise, sait agir avec générosité, trop de responsables pensent que ces héros appartiennent à une autre galaxie.

Loin d'une égalité devant la vie, j'ai parfois l'impression que notre création est écartelée entre deux extrêmes : d'un côté, certains enfants trop gâtés, ce qui n'est pas forcément un cadeau pour leur vie, plongent dans un narcissisme égoïste. Centrés sur leur petite personne, ils deviennent rarement des héros pour l'humanité. Tandis qu'à l'autre bout de la chaîne humaine, d'autres enfants, d'autres êtres, s'arment au combat pour la Vie, au travers d'aléas trop souvent douloureux, au cœur desquels ils trouvent parfois une force génératrice de résilience. Cependant, je reste persuadée que les souffrances s'additionnant les unes aux autres ne seront jamais source d'eau bénite.

Encore une fois, quelle est la force qui m'a permis de vivre jusque-là ? D'où vient mon pouvoir de résilience ? À chaque fois que je les ai laissés conduire ma destinée, mes pas ont croisé le chemin de personnes qui ont marqué ma vie de manière positive. Certaines injustices se sont même transformées en bénédictions pour ma vie. C'est incroyable, n'est-ce pas ?

Dans un ouvrage écrit par un oncologue, je découvris que certains cancéreux adultes apprennent à utiliser leur maladie potentiellement mortelle pour penser au sens de la vie. Arrêtés de manière inattendue dans leur course sociétale, ils en profitent pour remettre à l'heure les pendules de leur propre existence. Quelques-uns réussissent à vaincre leur cancer en changeant complètement de vie. Quant à ceux qui sont morts malgré tout, plusieurs ont exprimé leur reconnaissance d'avoir pu goûter à ce pour quoi ils étaient faits, avant de s'en aller.

Trop de personnes et j'en fais partie construisent leur vie selon la société dans laquelle ils vivent ou selon ce que leur famille désire pour eux. Ils réalisent des choix imposés, plus ou moins intentionnellement par leur entourage :

— *Il faut travailler dur, quitte à souffrir pour gagner son pain. Et surtout, ne jamais rien demander !*

D'ailleurs, les assurances sociales de mon pays ont l'air de fonctionner sans problème, tant que personne ne demande de l'aide !

— *Écrire, faire de la musique, peindre, prendre du temps pour rêver ou méditer, ce n'est pas travailler ! Il n'y a que les mauvaises graines ou les paresseux pour faire ça.*

— *Le monde appartient à ceux qui se lèvent tôt !*

Combien de fois ai-je entendu cette phrase dans la bouche de ma mère ! Même en dehors du monde du travail, la liste des domaines dans lesquels nous sommes influencés est longue :

— *Venir au monde dans une famille de prolétaires qui méprise les intellectuels, alors que l'on aime penser, réfléchir, échanger des idées philosophiques... ça, c'est moi !*

— *Être poussé par des parents sourds et aveugles à nos besoins, à faire des études et à gagner beaucoup d'argent, alors qu'on aimerait juste travailler de ses mains, vivre, même chichement de sa passion...*

— *Habiter à la ville ou à la campagne, dans une maison ou un appartement,*

— *Choisir son conjoint !*

— *Rester avec une personne parce que celle-ci plaît à votre famille, alors que vous êtes malheureux avec elle...*

Cela aussi je connais ! Mon mari et ma mère aimaient se retrouver et discuter entre eux. Et comme toute la famille semblait apprécier les moments de rigolade avec le père de mes enfants, ils cultivaient en moi l'impression d'être la personne différente, handicapée, asociale, donc à l'origine de tous les problèmes. Je n'ai jamais présumé qu'ils entretenaient réciproquement leurs névroses, afin d'occulter ce qui n'allait pas dans leurs propres vies !

Formant un brouillard devant nos yeux, tous ces agissements nous éloignent de la destinée que nous aurions dû avoir, si nous avions été capables de reconnaître ce pour quoi nous sommes faits.

Il m'a manqué dix ans, loin de toute influence et surtout loin de cette famille recomposée. Dix années pour marcher seule, tel un pèlerin, pour trouver la personne qui se cachait au fond de mes blessures, pour apprendre à écouter mes besoins et choisir le chemin qui me convienne, pour trouver aussi, le bon conjoint et le bon métier. Malheureusement, je me suis laissé entraîner dans de mauvaises directions. Un homme m'a invitée à danser, sa voix était douce… et voilà… Puisque j'avais appris à subir sagement le choix des autres, finalement, il n'y avait rien de plus normal à cela !

Ce temps, je l'ai eu après mon divorce, suite à cette solitude forcée que m'a imposée cette famille… laquelle finalement n'était pas la mienne ! Voilà la raison pour laquelle je peux qualifier leur abandon de chance, même si par moments, seule dans mon appartement, j'avais l'impression que des esprits malsains tentaient de m'arracher d'une croix, sur laquelle j'étais clouée malgré moi. Chaque clou enlevé, chaque guérison spirituelle, me faisait hurler de douleur. Il m'a fallu du temps avant d'apercevoir la lumière qui m'attendait au bout du chemin !

Chapitre 25

Seigneur, mon Dieu, regarde et réponds-moi.
Rends-moi un peu de forces [...]
Moi, je compte sur ta bonté.
Je veux me réjouir de ton secours.

Psaume 13 : 4-6

J'ai plus de 60 ans et je suis en vie ! D'où vient ce miracle alors que j'ai grandi en sachant que je ne pouvais pas demander d'aide ni m'attendre à recevoir de la compassion ?

J'ai subi douze opérations. Pourtant, on ne vit pas trop mal avec une seule oreille. La preuve, Paul Stanley, le guitariste des Kyss a le même handicap que moi, du même côté que moi ! Du coup, je ne m'étonne plus si mon cerveau capte davantage la musique que les mots. Cela ne l'a pas empêché de devenir une star internationale, avec son groupe de musique pop. Quatre musiciens, qui sous leur maquillage, ont visité les plus grandes scènes du monde pendant plusieurs décennies.

Comme ce fut le cas pour lui, mon être tout entier, corps, esprit et âme, acceptait cette divine volonté. Ce dont j'avais besoin était ailleurs, dans l'amour de mes parents. J'aurais dû le trouver dans la sécurité affective, mais aussi physique, psychologique de mon entourage.

À huit reprises, les médecins ont coupé, puis dépecé des morceaux d'épiderme sur mes cuisses intactes d'enfant, pour ensuite les greffer à l'endroit même où ce petit pavillon manquait. Je sais que ma mémoire inconsciente, ainsi que mon instinct de survie ont gardé le souvenir des odeurs qui m'accompagnaient au sortir de chaque opération.

Aujourd'hui encore, il ne peut exister, la moindre cellule de chair nécrosée autour de moi sans que mon odorat la détecte avant tout le monde. Ces odeurs m'emmènent instinctivement au bord de la panique. Rien au monde, aucun mot, n'arrivera jamais à transmettre mon ressenti, la profondeur de mon désespoir. Regarder mon propre corps moisir par petits bouts, à cause des expériences faites par un chirurgien, au lieu d'apprendre à rire, de jouer avec innocence en compagnie de mes premiers camarades d'école…

Grâce à certaines approches de la santé, je sais que l'ensemble de nos cellules possède une mémoire perpétuelle et collective. Une réalité neurologique qui, pour moi, n'a rien à voir avec les théories émises par les maîtres de la psychologie.

Pendant toutes les années où mon corps se recouvrait de stigmates, mon être tout entier aurait eu besoin d'un papa qui me rassure par sa seule présence. Besoin qu'il me prenne dans ses bras, comme le font la plupart des papas. Qu'il me dise à quel point il était fier de moi, sa fille ! Qu'il me serre contre son cœur pour me consoler, qu'il me fasse ainsi comprendre que j'avais le droit d'être protégée, réconfortée, aimée et surtout touchée avec respect.

Moi aussi, j'aurais aimé avoir des parents qui viennent me regarder lorsque je paraissais dans un spectacle ou un défilé. Mais c'est tellement plus intéressant d'admirer un match de foot plein de garçons ! Qu'ils aiment m'écouter avec fierté lorsque je parle, reconnaissent ma sensibilité et mon intelligence ainsi que mon sens inné de l'observation. Des parents qui m'aident à faire mes devoirs, une maman qui passe du temps pour jouer avec moi, au lieu de devoir travailler 16 heures par jour !

Si les beaux rêves sont des remèdes efficaces, tout cela reste un brin compliqué ! Et aujourd'hui, il me faudrait trop de temps, trop d'énergie pour imaginer, pour rêver à des parents prenant le temps de venir me chercher lorsque je revenais du camp de ski annuel organisé par l'école. De cette manière, je n'aurais pas dû me débrouiller pour rentrer, à pied, avec mon sac à dos et mes souliers accrochés à mes skis. Je n'aurais pas eu à inventer des excuses devant les parents de mes camarades de classe, qui s'offusquaient de me voir esseulée. Je n'aurais pas eu à composer des explications auxquelles personne ne semblait croire, pour justifier le manque de délicatesse de notre famille, mais aussi et surtout pour paraître moins abandonnée à mon sort.

Et puis, je réagis peut-être comme une enfant gâtée, mais j'aurais apprécié que mes parents lisent ce que j'écris, au lieu de me jeter en pleine figure que je ferais mieux d'arrêter de lire… Comme si ce plaisir, cette envie de comprendre la vie, était l'un des plus méprisables qui soient. Cette tare semblait réelle pour mon beau-père, qui méprisait farouchement les intellectuels. Puis, pour mon ex-mari qui disait vouloir cracher sur ma Bible chaque fois que je la lisais. Car enfant déjà, mon esprit s'était ouvert à des horizons bien plus vastes que la naïveté et les jeux partagés par les gamins de mon âge.

Je ne jouais pas souvent sur la place de jeux de notre immeuble locatif. D'ailleurs, ma présence semblait déjà de trop pour certaines voisines, de petites bourgeoises bien sous tous rapports, qui vociféraient depuis leurs fenêtres, cherchant à protéger leur progéniture chérie !

J'avais 6 ou 8 ans, mais je les entends encore, leur interdisant de jouer avec moi parce que ma mère était *« une divorcée »*. Ce qui signifiait, selon leurs jugements, une femme de mauvaise vie. Je les entends, de la même manière que je peux encore ressentir mon innocence, alors qu'elles me prenaient pour une pestiférée ! Est-ce que ces adultes, bien éduqués, apprenaient ces comportements le dimanche matin à l'église ? Je l'ignore, car à cette époque nous n'y allions pas à l'église. Ce n'était pas la place d'une divorcée !

Pourquoi tous ces préjugés ? Je n'avais rien fait de mal ! Pourtant, aux yeux de cette société puritaine, j'étais salie par le divorce de mes parents. Donc, probablement susceptible d'éclabousser les autres enfants. Du coup, je restais seule. Je suis consciente que beaucoup d'enfants sont nés sans père, abandonnés ou orphelins. J'en ai rencontré plusieurs et je sais que ce manque les a marqués à vie. Mais le refus de ma mère à vouloir laisser mon père m'approcher eut un impact désastreux.

Malgré tout, la vie nous offrit un clin d'œil. Une voisine habitant avec ses deux fils dans le même immeuble, sur le même étage que nous, était, elle aussi divorcée. En voilà au moins une qui pouvait discuter avec ma maman sans la juger. Les deux femmes en ont profité pour créer une jolie complicité. Son cadet, un intenable bagarreur, avait le même âge et le même prénom que moi ! Mais j'avais au moins un camarade à qui on ne pouvait pas dire d'aller jouer ailleurs. Et lui, contrairement à beaucoup d'autres, ne m'a jamais repoussée. Et comme ce Dominique-là fréquentait la même classe que moi, il apportait mes devoirs à la maison lorsque j'étais en convalescence.

Aujourd'hui, ces mauvaises langues me font sourire ! Dieu merci, grâce aux combats des féministes que je remercie en passant, les mentalités ont évolué. La sexualité hors mariage n'est plus diabolisée. Et si la fidélité dans un couple reste une valeur importante, une femme seule, divorcée ou célibataire, qui reçoit un homme chez elle n'est plus mise au ban de la société. Du coup, je ne m'étonne plus si, enfant déjà, je ressentais une empathie particulière pour les personnes privées de liberté et souffrant de solitude. Grâce à Manuel, et avant même de savoir écrire mon nom, j'avais compris que des êtres humains souffraient de la colonisation, de la torture ou de l'exil. Je savais aussi que nous pouvions être tellement différents les uns des autres, mais tellement semblables dans les tourments et la peur ou le rire. Et sans doute, est-ce aussi grâce à certaines de mes lectures que ces vérités firent jour dans mon esprit.

Nous n'allions jamais à l'église. Pourtant ma mère semblait croire qu'aux pires moments de son existence, un Dieu, là-haut, pourrait peut-être quelque chose pour elle. Durant longtemps, elle prit le temps, comme un rituel, de prier le *« Notre Père »* avec moi, le soir avant de m'endormir. Elle en profitait pour demander un papa pour moi et, en même temps, un mari gentil et protecteur pour elle. Mais à quoi ressemblent la gentillesse, la protection et l'amour d'un papa selon Sans doute pas à ce que nous avons reçu en réponse à ces prières ! Ou alors, est-ce moi qui ai imaginé ces mots, jamais prononcés dans les requêtes de ma mère ?

Car si ce n'est pas le cas, en contemplant la suite de notre vie, je suis prête à spéculer avec espièglerie, que ce papa dans le ciel fume parfois autre chose que du bon tabac !

Ne vous inquiétez pas pour moi ! Dieu, mon père céleste, me pardonnera ce trait d'humour. Car son amabilité sait se charger de sourires et de tendresse pour ses enfants. Et tant que nous sommes respectueux et conscients que la vérité est ailleurs, rien ne peut blâmer l'humour et l'ironie.

À cette époque, je pris donc conscience que j'avais un papa dans le ciel. Mais c'était tout ! J'ignorais ce que cela voulait vraiment dire, qui et comment était ce père que ma mère appelait Dieu, mais qui ne venait jamais me rendre visite. Les cours de catéchisme auxquels je participais lorsque j'étais à l'école protestante restaient aussi très évasifs sur ce sujet.

Ils nous enseignaient des dogmes à connaître, mais pas une relation à construire, qui nous permettrait d'entrer en relation filiale avec ce Dieu qu'on ne voyait jamais. Apparemment, le seul moyen de le contacter était donc la prière et j'en connaissais si peu. Je me souviens de la famille d'une cousine maternelle, qui nous avait invitées à de rares occasions. Tout ce petit monde m'impressionnait lorsque, au moment de passer à table, l'un ou l'autre se mettait à prier avant de commencer le repas, pour remercier Celui qui nous permettait d'avoir de la nourriture. Moi, je ne connaissais que notre rituel du soir : un « *Notre Père* » qui me procurait un apaisement inexplicable. Quelque chose en moi s'est tout de suite senti en diapason avec ce papa dans le ciel…, je n'ai jamais compris ce phénomène, mais c'était comme une présence invisible, mais réelle, loin de tout dogme religieux. Encore aujourd'hui, c'est de cette manière privilégiée que je cherche quotidiennement une rencontre avec Dieu.

J'ignorais que mon horizon s'agrandirait encore. Et que cet élargissement me dévoilerait un ciel bleu sur un paysage paisible, loin d'ici ! Avec humour, presque avec fierté, je peux dire que la trame de ma vie est plus digne d'un roman que bien d'autres.

— *Demandez et l'on vous donnera, cherchez, et vous trouverez, frappez, et l'on vous ouvrira.*[32]

Mais pourquoi ai-je demandé si peu de choses pour moi dans mes prières ? Peut-être, justement, parce que je ne savais pas que l'amour dans ce monde était aussi pour moi et que je méritais davantage que ce que les humains me donnaient. Mais même si je savais que la présence de Dieu était déjà un cadeau, comment lui demander,

[32]. *Mathieu 7:7.*

l'amour terrestre qui me manquait ? Je ne connais pas la réponse. Je vais certainement mourir avant de la connaître.

Un des super-cadeaux de mon géniteur attira toute mon attention. Il s'agissait de « *La case de l'oncle Tom* » d'Harriet Stowe. Mon père, bien inspiré, avait collectionné des images, qu'il avait lui-même collées dans ce livre. Finalement, ce n'est peut-être pas un hasard si ce Tom est entré dans ma vie par la poste, un jour décembre.

Si « *Le Petit Prince* » de St Exupéry était, au vingtième siècle, le livre le plus vendu après la Bible[33], le siècle précédent vit le même engouement se manifester pour le roman d'Harriet Stowe. Lequel joua un rôle primordial dans l'histoire des États-Unis d'Amérique et encouragea la cause des abolitionnistes. Ce fut au point qu'Abraham Lincoln en personne aurait déclaré, lorsqu'il rencontra l'auteur :

— *C'est donc cette petite dame qui est responsable de cette grande guerre !*

Tout en affirmant que l'amour chrétien est capable de surmonter des épreuves aussi destructrices que l'esclavage, ce livre décrit avec émotion et réalisme la cruelle et honteuse réalité qui faisait loi dans les États du Sud. Vérité ignorée par un grand nombre de nordistes. Réduit à l'esclavage, Tom avait été acheté par une famille d'Américains qui le respectait et l'affectionnait. La fille de son propriétaire lui enseigna la lecture. Mais, revendu au féroce Simon Legree pour honorer une dette de jeu, Tom se retrouva dans une plantation de coton. À partir de cet instant, il devint le souffre-douleur d'un système haineux et sans pitié pour les esclaves noirs et métis. Livré à la tyrannie de cet homme, il fut persécuté à cause de son refus de maltraiter ses frères de couleur. Malgré ces horribles conditions de

[33]. *En effet, Le Petit Prince d'Antoine de Saint-Exupéry est, aujourd'hui encore, l'ouvrage de littérature le plus vendu au monde et le livre le plus traduit, juste après la Bible. Au total, cet ouvrage comptabilise 1 300 éditions et 145 millions de copies.*

vie, l'esclave qu'il était partagea sa foi en Dieu. Lisant la Bible à ses semblables, il leur parla d'amour et de pardon, jusqu'à son dernier souffle. Le martyre du vieil homme détermina le fils de son premier maître à racheter la liberté de tous ses esclaves.

Deux cents ans plus tard, l'Oncle Tom influençait ma vie, sans même que j'en sois consciente. Ce héros de roman connaissait le véritable amour de Dieu, malgré ses souffrances. Je peux donc imaginer que l'auteure le connaissait tout autant. Ma remarque est peut-être naïve, mais je suis convaincue que le paradis est rempli de belles âmes qui lui ressemblent. Car moi, j'en ai rencontré.

Pour ma part, j'ai toujours eu besoin d'une foi concrète, proche de l'homme et de sa réalité quotidienne. De la même manière, j'ai toujours aimé poser des questions, de véritables défis à Dieu, afin de mieux déchiffrer la vie. Parce que j'appréciais les discussions philosophiques et la psychologie, je compris bien vite que j'étais attirée par les mots, leur signification, selon le contexte dans lequel ils étaient employés et, plus que tout, par leur puissance de guérison ! Et le fait que les mots de la Bible ne s'entendent pas de la même manière, selon que l'on est Africain, Sud-Américain ou Européen, me passionne. N'y a-t-il pas ici, la grâce d'une pensée élargie, passant au-delà des frontières établies par les hommes ?

Malheureusement, rien de ce qui faisait de moi ce que je suis, ne pouvait exister dans la famille qui était la mienne, ni dans mon mariage. Ma mère et son mari certifiaient que mes théories étaient réservées aux intellectuels et aux doux rêveurs. Pire ! J'étais méprisée pour ma manière de parler. Alors que l'adolescence pointait son nez, mon beau-père répétait souvent et avec méchanceté :
— *Tu parles comme un livre ! Tu ferais mieux d'arrêter de lire !*

Pourtant, ce que je disais ne sortait pas des livres, mais de mes réflexions personnelles, de mes propres observations de la vie ! Sans n'avoir jamais eu le sentiment d'être supérieure aux autres, à tous ceux qui savent utiliser leurs mains pour gagner leur vie et mettre en valeur ce qu'ils sont, au plus profond d'eux-mêmes.

Les injustices vécues à l'intérieur de nos familles peuvent être longues à guérir. Je n'avais pas ce sentiment, trente ou quarante ans plus tôt. Entraînée à lutter, je ne tremblais pas pour si peu. Mais plus le temps passe et plus je peux concevoir que tant de personnes choient dans la violence, les dépendances ou autres.

Mais je suis bénie, car ma foi a provoqué une présence, comme si une personne me couvrait de ses prières et qui n'avait rien à voir avec mon imagination. Un Esprit que je sentais auprès de moi, lorsque j'étais seule dans mon lit d'hôpital et plus tard, dans mon adolescence.

La vérité dans cette histoire ? C'est que la spiritualité est déterminante pour la vie d'un homme. Une partie de ses choix et de ses comportements seront influencés par ses croyances fondamentales. À côté de ça, nous avons tous des réactions dominées par nos parts d'ombre, nos peurs, parfois inavouées, mais presque toujours liées à notre vécu, à notre éducation, à l'époque dans laquelle nous vivons. Sans oublier que les maîtres, cherchant à influencer nos vies, ne manquent pas. Confucius, Socrate et tant d'autres pour en arriver à tous ces spécialistes de coaching, voire de sorcellerie, qui courent les rues aujourd'hui.

C'est incroyable, tout ce que les humains sont capables de croire pour trouver des réponses divines, là même où Dieu n'a *« jamais mis les pieds »*. Il y en a pour tous les goûts, et parfois loin, très loin des bénédictions qu'il souhaite pour nous tous.

Quant à moi, je pense avoir eu mille chances dans ma vie, des rencontres parfois furtives qui m'ont conduite dans la bonne direction, sans même que j'en sois consciente. Je pense à cet intellectuel juif, professeur d'éthique, affirmant qu'il n'y a pas, sur terre, un livre de psychologie humaine plus complet que la Bible, tant pour son regard sur chaque individu face à lui-même, que pour la diversité des connexions qu'elle trace entre eux. J'en déduisis, en toute modestie et neutralité, qu'il serait important d'apprendre à connaître ce livre, sans préjugés.

J'ai participé à de passionnantes études bibliques, avec des personnes de cultures différentes et j'ai compris beaucoup de choses sur les fautes que nous commettons devant la sainteté de notre créateur. L'une de nos plus grandes et fréquentes erreurs est d'oublier la puissance de Satan, cet ange diabolique qui a pris la mauvaise habitude de ne jamais se reposer. S'assimilant à nos vies, Lucifer utilise nos parts d'ombre, autant que nos méconnaissances avec une insensibilité opiniâtre. Profitant de nos désobéissances aux lois de Dieu et de sa création, il cherche à nous contrôler, à conduire le navire de nos vies dans les ressacs loin du port, loin des bénédictions divines.

À nous de choisir le bon maître, celui qui peut nous guider vers la sérénité, la paix de l'âme, sans pour autant nous détourner de nos relations constantes avec notre entourage. Alors, s'il faut choisir, pourquoi ne pas prendre l'option qui peut nous emmener vers une paix éternelle ?

Chapitre 26

L'humilité est aussi petite qu'une graine de moutarde. Elle se voit à peine...
mais est capable de faire pousser un arbre de vie.

Dominique De Luca

Je pourrais raconter encore beaucoup d'anecdotes sur mes dix premières années de vie. Une des plus incroyables est que la petite fille que j'étais finit par faire son complexe d'Œdipe en fusionnant ses deux meilleurs et surtout uniques amis et représentants du sexe opposé dans sa vie !

Deux ? Eh oui… et j'ai déjà parlé d'eux : Manuel et mon petit ours en peluche… Ce qui est, je le dis avec tendresse : dramatique au possible ! Je dirais même carrément que mon esprit est un cas clinique pour un psychiatre. Mais voilà, c'est ma vie et je ne peux pas la refaire. Je ne peux pas changer les données, reprogrammer la base que les adultes ont semée pour moi. À 63 ans, j'ai eu le temps de réfléchir à tout ça. Et aujourd'hui, je suis convaincue, par mes observations quotidiennes, qu'un enfant s'accroche à ce qu'il peut ! Si son entourage ne lui offre aucun modèle à imiter, il trouvera autre chose : un héros de film ou de roman par exemple ! Ce qui explique certaines déficiences, voire déviances, parfois bien plus graves que les miennes.

Des femmes ayant eu un père colérique risquent de se mettre en ménage avec un homme qui lui ressemble. Et je ne prends pas cet exemple par hasard ! Lorsqu'on ne connaît pas les notes de musique appartenant à la colère, on cherche autre chose et c'est bien. Mon géniteur devait avoir beaucoup de difficultés à gérer ses émotions, particulièrement sa colère et sa jalousie, pour en être arrivé à casser le nez de ma mère en pleine rue. Mon beau-père n'a pas fait mieux dans l'éducation de ses enfants. Il mériterait, à lui tout seul, un chapitre à part.

L'Italie du Sud est faite de tempéraments excessifs. Je sursautais à chaque fois que ma belle-mère prenait la parole, pensant qu'elle injuriait son mari. Mais non, ils se parlaient, tout simplement ! Mon ex-mari m'avait choisie en croyant, puisque ma voix de malentendante est plus douce que la moyenne, que je serais soumise à tout. Mais sa jalousie mal placée me privait de tout ce qui m'aurait rendue heureuse, de ma féminité et surtout de stabilité affective. J'aurais eu besoin d'échanges, de penser la vie à ma manière, du droit d'exprimer ce qui me semble juste. Alors, les nombreuses fois où nous recevions la famille ou des amis, je me laissais aller à parler. Mais dès qu'ils étaient repartis, les reproches pleuvaient :

— *Tu as de nouveau ouvert ta sale gueule !*

C'est ainsi que j'ai passé 25 ans de ma vie. Et puis… ma mère semblait tellement heureuse lorsque mon mari venait chez elle. Alors je suis restée… bien trop longtemps ! Car cette vie a fini par me rendre aigrie.

Aujourd'hui je me console en me répétant une chose importante : mon ex-mari n'aurait jamais accepté une cruauté pareille à celle que j'ai vécue envers ses enfants. J'ai choisi un papa poule, plutôt qu'un amant attentionné et protecteur pour moi. J'ai sincèrement le sentiment que mes besoins, même légitimes, n'ont jamais compté pour moi !

Est-ce que mon papa aurait vraiment su dire non à tous mes abuseurs ? Aurait-il su entendre mon désir de rester telle que j'étais ? M'aurait-il enseigné à respecter mon corps, mes besoins ? Tout ce langage tellement important, que je n'ai jamais connu. J'aime croire que oui, car il semblait intéressé par mes envies. Comme je suis certaine qu'il m'aurait aidée, ou du moins positivement influencée, à faire d'autres choix matrimoniaux.

Loin de moi l'envie d'interpréter le rôle de l'indigente victime, de celle qui devient importante dans la foule grâce à son vécu de martyre. Cela ne m'aiderait en rien, sans oublier que j'ai vu suffisamment de blessés à l'hôpital pour ne pas penser que je suis la seule à avoir eu mal. Toutefois, il ne peut y avoir de changements dans nos vies ni de vrai pardon, sans y mettre les bons mots.

« Pardon : acte d'humilité qui sert à innocenter le coupable devant Dieu. » C'est du moins de cette manière-là qu'on m'a enseigné cette base de la religion chrétienne. En fin de compte, on m'a enseigné une erreur fondamentale ! Mon commentaire est aussi logique qu'une équation mathématique.

Contrairement à ce que la culture et les philosophes occidentaux du XVIIe siècle, le siècle des lumières, nous ont fait croire, ce n'est pas l'amour, ni l'argent, ni même la santé qui font de nous des individus au milieu de la foule. Bien sûr, il vaut mieux être riche et en bonne santé que pauvre et malade, mais pour mieux comprendre, il faut être conscient du besoin vital de l'humanité, réalité que la faune partage très souvent avec nous : le besoin de reconnaissance, à l'intérieur même de notre tribu ! Pour chacun d'entre nous, il est fondamental d'exister à travers notre relation aux autres. Être ignoré par son entourage, n'exister pour personne est la pire des conditions humaines. De là, le véritable pardon permet aux victimes d'être reconnues devant les hommes et devant Dieu, avec ces parts de souffrance qui nous appartiennent. C'est pourquoi il est important d'exprimer aux coupables, d'une manière ou d'une autre, ce que nous avons ressenti et ressentons encore. De même, il est important de responsabiliser ces coupables sur les conséquences de leurs actes.

Ignorer cette reconnaissance, c'est ignorer une partie de nous-mêmes. Un peu comme si nos peines n'avaient jamais existé, lorsque ce n'est pas notre existence tout entière qui tombe dans un trou de solitude sans fond. Il suffit de comprendre ce fonctionnement pour concevoir que le pardon ne peut se contenter d'acquiescer dans le silence. Et si les coupables ont disparu, quelle qu'en soit la raison, un décès, un éloignement, rédiger une lettre, un dessin, un témoignage peuvent nous aider à nous sentir reconnus et à retrouver ainsi le sentiment de vivre, en tant que victimes, à la lumière de Dieu, puis à nos propres yeux.

En chemin dans ce processus, j'ai pris conscience que le Christ m'entendait dans toutes mes dimensions. Qu'il était là, près de moi, à l'hôpital comme dans la solitude de ma chambre d'enfant. Qu'il souffrait devant mes afflictions. Ainsi, j'ai compris que je n'étais pas qu'un banal cobaye, utilisé au bon vouloir de mes bourreaux, puis abandonné au bord d'une route par l'assurance-invalidité et le monde médical. Que je pouvais aussi, que je devais même, me lover dans ses bras pour y chercher sa consolation, pleine d'une sincère empathie. Et il faut que les choses bougent et changent… dans ma vie je l'espère avec humilité, mais aussi partout ailleurs dans le monde… pour que de tels actes ne se reproduisent plus !

Croisés au hasard des chemins, plusieurs promeneurs, parfois des chrétiens qui coupent la vie en deux, le mal d'un côté et le bien de l'autre, mais aussi des adeptes de certaines philosophies qui pensent que la vie est faite du Yin et du Yang, du jour et de la nuit, m'ont affirmé, chacun avec ses mots, que :

— *Nous sommes et serons toujours confrontés au côté pile et au côté face de la vie. C'est donc à nous d'être responsables du gouvernail de notre bateau, et de toujours prendre la bonne direction pour nos vies !*

Utilisant des textes écrits dans des livres, plus que millénaires, la Bible y comprise, certains d'entre eux manipulent les plus faibles, cherchant à prendre le pouvoir sur leur vie. Ces orateurs, dotés d'une intelligence mathématique et d'une excellente mémoire, arrivent à tromper un grand nombre de personnes en leur faisant croire que leur vérité est LA seule et unique Vérité. Et que tout le reste est mal ! La burqa imposée aux femmes, ainsi que l'école interdite aux filles et adolescentes par certains gouvernements, pire encore, si cela est possible, l'imposition de la charia, en sont des exemples très forts.

Mais ne nous trompons pas. Ils en existent de plus subtiles, telle l'interdiction aux femmes de prêcher dans certaines églises chrétiennes. Sans oublier ces deux phrases émises par l'apôtre Paul, dans l'épître aux Corinthiens, phrases dont on a retiré l'Esprit pour ne garder que la Lettre et par lesquelles on impose, depuis des siècles, le célibat aux prêtres catholiques :

— *Au sujet de ce que vous m'avez écrit, il est bon pour l'homme de ne pas prendre de femmes*[34].

Et

— *Je voudrais que tous soient comme moi ; mais chacun tient de Dieu un don particulier, l'un d'une manière, l'autre d'une autre*[35].

Et que dire de ces politiciens qui pour s'enrichir et assouvir leur narcissisme, arrivent à faire croire à une partie des habitants de la planète, que leur manière de penser est l'unique qui devrait régir le monde, que leurs crimes sont inexistants, vu qu'ils sont perpétrés pour la bonne cause. Et que les méchants, ce sont les autres, puisqu'ils ne respectent pas leur manière d'enfants gâtés d'estimer la vie ! Des

[34] 1 Corinthiens 7 :1

[35] 1 Corinthiens 7 :7

comportements qui provoquent des guerres, lorsque *« les méchants »* se rebellent. Des comportements qui, et j'espère que nous sommes nombreux à être d'accord avec cette théorie, ne sont pas à l'image ni à la volonté d'un Dieu éternel, quel que soit le nom qu'on lui donne !

D'autres individus encore, et ce, même à travers le septième art, pensent que le pouvoir et la force sont avec nous ! Alors, luttons sans peur, comme les vrais samouraïs que nous sommes ! En résumé :

— *Même s'ils volent au-dessus de nos têtes, à nous de ne pas laisser les oiseaux de malheur faire leur nid dans nos cheveux.*

Cette phrase, incontestablement chargée de sagesse, n'a pas été écrite dans la Bible, elle n'est pas du Christ ; elle a été prononcée par Confucius. Et lorsque nos corps sont recouverts par la saleté de notre planète, par son sang ou ses moisissures, comme ce fut le cas pour les victimes du nazisme, de l'esclavagisme ; comme ça l'est encore pour les enfants de Syrie, d'Ukraine, d'Israël, de Palestine, de certains pays d'Afrique et d'ailleurs, lorsque nos forces viennent à manquer dans la solitude et le froid, lorsque nos âmes nous ont été volées, violées, elle reste quelque peu limitée !

Par contre, faire appel au Christ, que l'on soit Chrétien engagé ou non, c'est déposer nos handicaps et nos limites dans les mains chargées de notre créateur. C'est les déposer sur le sang de Jésus, répandu au pied de cette croix, dressée par les hommes, sur laquelle il a payé le prix de notre salut. Seulement ensuite, nous pourrons laisser le Saint-Esprit combattre pour nous. En croyant et alors, la foi prend une tout autre dimension, que l'éternité, loin du monde dans lequel nous vivons aujourd'hui, sera faite de douceurs et d'espérance.

— *Finalement il ne s'agit de rien d'autre que d'un simple lâcher-prise, p*ourriez-vous me dire, sans avoir vraiment tort.

Pourtant, je vous répondrais :

— Non ! Car votre lâcher-prise est un vrai combat, qui humainement parlant et selon la profondeur des cicatrices, est loin d'être facile à mettre en pratique. C'est pour cela qu'il faut parfois demander de l'aide. Pourtant c'est faisable ; j'en suis la preuve vivante !

Et puis, comment parler de toutes ces réalités qui vivent cachées dans les profondeurs de nos âmes, de celles que personne n'écrit dans les livres de médecine ? De celles qui inquiétaient nos ancêtres, si prompts à placer ceux qu'ils ne comprenaient pas dans des asiles psychiatriques ou des couvents… ? Car le stress post-traumatique ne date pas d'aujourd'hui. D'ailleurs, il m'en a fallu du temps avant de trouver le bon médecin pour m'accompagner dans ce pèlerinage !

J'ai mis dans mon sac à dos tout ce que j'ai appris au travers de mon passé. Puis, empoignant ma vaillance de petit Sioux, j'ai entrepris ce voyage de mots. Mais je savais que cela ne serait pas facile. Même des médecins, des pasteurs et bien d'autres thérapeutes, bourrés de théories apprises dans des livres, semblaient ne pas parvenir à déchiffrer certaines de mes réalités. Et je peux le concevoir, car de quelle manière ces personnes peuvent-elles comprendre ce que nous vivons, si nous, éclopés de la vie, avons tellement de difficultés à nous poser, pour trouver la force d'expliquer avec des mots, notre vécu et nos-ressentis ? Alors que nous devons déjà, quotidiennement, lutter et seuls, contre les préjugés de notre entourage. Lesquels nous conduiraient au bord de la folie, si nous n'y prenions pas garde !

L'écriture dans la solitude semble propice à ce genre d'exercice. Car la feuille blanche ne vous juge pas, ne vous coupe pas la parole. Elle prend tout son temps, et vous accueille tel que vous êtes. Malgré tout, devant elle, je pleure souvent. Car ce voyage est un chemin de croix. Face à ma réalité mise en lumière, mon âme hurle sa peine et son besoin de révolte. Et je ne serais pas étonnée d'entendre que trop peu de survivants peuvent affronter cet exercice jusqu'au bout sans une relation d'aide ou un soutien psychologique, tant la douleur peut brûler la peau de l'âme !

Cet apprentissage bien particulier de la souffrance m'aide à repérer ceux qui ont connu ce même langage de vie. Quelque chose en nous parle plus fort que nos mots et nous identifie les uns face aux autres. Je sais que je me répète, mais je me suis souvent étonnée du manque d'empathie exprimée par des personnes qui ont tout pour être bien.

Car il faut du courage pour entendre certains témoignages, au risque de faire apparaître des émotions inconnues jusque-là. Pour sûr, il est plus confortable de vivre en jouant aux cartes comme si tout allait pour le mieux, dans le meilleur des mondes, de prêcher la bonne parole, de chanter, de pratiquer du sport, de chercher des émotions au cinéma, au restaurant, voire, dans des voyages… que de s'approcher de celui qui a mal ! Pourtant, la souffrance n'est pas contagieuse ! Mais la joie, le renouvellement de la vie… oui. Ils pourraient l'être, si nous les partagions !

Ces attitudes maîtrisées, par le souhait d'un confort personnel, m'ont enseigné la fierté du combattant solitaire. Car en société, il faut savoir rester discret. Il faut paraître convenable, quitte à mentir, quitte à cacher son hypersensibilité ! Et chez certains évangéliques, on finit par croire qu'il est impossible d'être un bon chrétien et de souffrir. Si tu souffres, c'est que tu es pécheur ! Alors il est bon de jeûner et d'entrer en prières. Résultat : trop de membres portent un masque en société.

Cette méthode favorise sans doute le bien-être et la bonne conscience du plus grand nombre… mais elle provoque également de nombreux complexes d'infériorité. En effet, dans une telle atmosphère de faux-semblants, croire les autres capables de gérer leur vie mieux que nous, n'incite personne à l'amour propre ! C'est pourtant la base sur laquelle s'appuie tout être humain pour construire son estime de soi.

Pour ma part, j'en étais arrivée à supposer que ma foi ne valait pas plus que du papier de toilette.

Ma mère a fonctionné toute sa vie de cette manière. Un peu comme si le domaine de ses émotions, particulièrement vis-à-vis de moi, n'était pas fonctionnel chez elle. En prenant de l'âge, je l'ai toujours vue s'inquiéter pour les fils de son mari. Remplissant tout son horizon, ils dissimulaient ma souffrance, donc la sienne. Puis le temps a passé. Et maintenant, je comprends pour quelles raisons j'ai grandi avec l'étrange sensation de ne pas exister réellement, en dehors de mes pensées !

Mais comment sortir de ce mensonge, si personne ne vous tend la main ? Ou si par malheur, quelque chose de votre passé transpire ! Vous serez exposé aux commérages, tout simplement ! Pour cela, il n'y a pas besoin d'encouragement. Vous trouverez toujours une mauvaise langue pour faire votre procès. Et même les personnes que vous avez soutenues seront capables de vous tourner le dos.

Du coup, je ne m'étonne plus devant une certaine violence familiale. Car, une fois ou l'autre, il faut bien que les frustrations sortent ! Le trop-plein explose là où on a le droit de le faire exploser. C'est-à-dire, là où la société n'a plus de regard sur nous. Et ce sont toujours les plus faibles qui trinquent… Puis tout repart de zéro. Comme si la vie ressemblait à une roue qui tourne toujours sur elle-même, sans fin…

Pourtant, je refuse de rester sur cette touche négative. Aujourd'hui, il existe des réseaux sociaux où l'on peut échanger, partager tous les petits et grands problèmes de la vie quotidienne. Et cela fait beaucoup de bien de se retrouver en compagnie de personnes qui partagent le même handicap que soi. À lire ou prodiguer des conseils, on se sent moins seul. Parfois, on y rencontre même un peu d'humour. Et qu'y a-t-il de plus sain que le rire pour dédramatiser ?

Chapitre 27

J'ai entendu ta prière et j'ai vu tes larmes.
Je vais te guérir.

2 Rois 20 :5

Pour avoir entendu tant de calomnies, j'en ai déduit que la majorité d'entre nous ignore que nos pensées sont limitées. Et que notre esprit est influencé par l'environnant et notre expérience de vie, comme par le milieu dans lequel nous vivons. Nous réagissons différemment, selon que nous sommes nés dans une famille religieuse ou non, intellectuelle ou non, dans une époque ou une autre. Notre histoire familiale, nos lectures, la musique que nous écoutons, les bons ou mauvais professeurs, les réseaux sociaux et plein d'autres réalités nous influencent et font de nous des hommes et femmes uniques. Je suis une résiliente, je le sais depuis longtemps. Mais en écrivant ce chapitre, je réalise à quel point je le suis !

Pour mes imperfections j'ai été battue, rejetée par mes camarades de classe, puis critiquée par des membres de ma famille, des connaissances, des collègues. Cependant notre société m'impose de marcher sans boiter, comme si de rien n'était, de pousser mes limites au-delà du possible, d'endormir mes souvenirs, mes douleurs, mes besoins au fond de mon corps pour y arriver… Cela tourne au masochisme ! J'étais seule et sans mots pendant toutes mes opérations et, comme tant d'autres, je reste seule avec mes maux, bloqués au travers de ma gorge.

La vie m'offrit néanmoins une lueur qui illumina ma vie. Un jour je ne me souviens plus de l'année exacte, j'appris le décès de mon père. Et par là même, l'existence de sa compagne. En allemand on dit *« Lebens Partner »,* ce qui signifie *« partenaire de vie.* Après avoir découvert son faire-part dans un quotidien, la sœur aînée à ma mère lui téléphona. Mia celle-ci choisit de me transmettre la nouvelle quelque temps après l'enterrement de son premier mari :

— *Pour t'enlever l'envie d'accomplir tes obligations en y faisant acte de présence* me dit-elle !

Elle m'enlevait ainsi, sans façon, l'opportunité de reprendre le contact avec la famille de mon père ! Est-ce que ce fut une manipulation ou un acte de bonté, pour me protéger de ses propres fantômes ? Je trouvais cela étrange et pas très agréable. J'aurais préféré aller à l'enterrement de mon père. Qu'il me reste au moins cela ! Mais de toute ma vie, je n'ai jamais su ou pu, me révolter contre ma mère ! Je me sentais coupable, cela résume bien des comportements !

Et comme personne d'autre ne semblait savoir que j'existais, je n'avais reçu aucune information par la famille de mon père. Je décidai donc de téléphoner à la clinique citée dans le journal. J'appris que cet établissement était, en réalité, un centre de soins palliatifs. La sclérose en plaques avait eu raison de ses forces, alors qu'il n'avait que 64 ans. Terrible de penser que, pendant toutes mes années de travail, et sans même connaître cette partie-là de sa vie, je m'étais spécialisée dans l'accompagnement et l'aide aux personnes atteintes par cette maladie ! Le hasard ? Peut-être… mais peut-être pas.

Puis je réussis à trouver les coordonnées de sa compagne argovienne[36]. Et, à la suite d'une rencontre, je découvris un papa bien différent de l'homme qu'on m'avait décrit. À ma question :

— *Mais qu'est-ce que vous aimiez chez lui ?*

— Elle répondit, sans aucune hésitation :

— *Mais tout ! On pouvait tout aimer de lui !*

J'appris qu'il était un homme au caractère sociable, aimant partager ses plaisirs, en particulier l'escalade et la randonnée en haute montagne avec ses amis. Mais qu'il partait volontiers seul, lorsque ceux-ci étaient occupés ailleurs, tout comme moi ! Ce qui n'a jamais été le cas de ma mère. Elle aimait skier avec ses cousines pendant sa jeunesse. Mais plus tard, la famille et son travail prirent toute la place. Elle aimait jouer aux cartes et organiser des pique-niques avec nous dans les forêts de nos montagnes jurassiennes. En dehors de ces dimanches au grand air, elle n'a pas créé beaucoup de liens d'amitié. Ayant grandi dans le Jura, elle ressemblait un peu à ce paysage non colonisé qui se vexe, dès qu'on lui propose une autre manière de penser ou de voir la vie.

Puis, quelques mois avant mes 60 ans, la veuve de son frère m'apprit encore que mon père savait ce qu'il désirait. Et qu'il ne craignait pas d'exprimer ce qu'il pensait. Est-ce cela avoir un mauvais caractère ? Oui, semble-t-il, selon l'éducation vaudoise et réformée reçue dans la famille de ma grand-mère. Mais j'affirme que non, si l'on a hérité d'une culture valaisanne comme lui, ou suisse alémanique, comme sa compagne.

Je ne cherche pas à excuser les coups de gueule et encore moins les coups de poing. Mais la vie n'est pas toujours aussi rose ou aussi noire qu'on voudrait nous le faire croire. Lorsque je voulus comprendre

[36]. Habitant du canton d'Argovie, situé dans le nord de la Suisse, sur les contreforts orientaux du Jura.

comment un homme pouvait être à ce point aimé par une femme et détesté par tout un clan, sa compagne, qui avait travaillé pendant des années avec lui, qui l'aima et l'accompagna jusqu'au bout de sa maladie, m'expliqua que ma mère le provoquait, tandis que mon père, désolé, prétendait avoir été trop jeune et trop naïf à cette époque. Et moi qui, comme mon père, aime tellement partir seule dans la nature, je connais suffisamment le caractère rebelle de ma mère pour imaginer la suite.

Pendant mon enfance et mon adolescence, j'observais en silence, sans aucun jugement, cette mère qui séduisait les personnes, particulièrement les hommes croisant sa route. Elle savait charmer pour attirer l'attention, mes deux maris y compris ! Comme si le fait d'être là, tout simplement, ne lui suffisait pas, pour se sentir exister. Pour ma part, j'avais au fond du cœur, l'étrange impression que quelque chose sonnait faux dans ses sourires.

Mon père s'était battu juridiquement pendant des années pour avoir le droit de visite ! Et il m'a fallu attendre quarante ans, pour comprendre, grâce à une psychiatre compétente, que ce comportement prouvait son désir de me savoir près de lui. Qu'il m'aimait suffisamment pour essayer d'obtenir le droit de visite et de garde partagée, même s'il n'a jamais pu se faire entendre. Malheureusement, j'ai compris cette version des faits bien après sa mort, tant ma mère était persuadée que mon père exigeait ce droit, pour lui faire du mal, à elle. Jamais elle n'y a vu, ne fût-ce qu'un zeste d'affection et de responsabilité vis-à-vis de moi !

Cependant, devant les sourires charmeurs de ma mère, je ne peine plus à imaginer la jalousie paternelle et, à compatir tout en croyant fermement que, pour sa part, il devait être aussi exigeant qu'inflexible. Ce qui provoquait la rébellion de son épouse. Rébellion légitime à mon avis en ce qui concerne son histoire avec lui, mais pas envers mon histoire à moi !

C'est étrange, comme certaines choses arrivent à passer d'une génération à l'autre. Mon grand-père trompa ma grand-mère avec une femme beaucoup plus jeune qu'elle. Ma grand-mère le quitta pour retourner chez son père avec ses deux cadets. Ma mère, benjamine de la famille, apprit ainsi que sa vie comme celle de ses deux sœurs et de son frère aîné, avait moins d'importance pour son père que sa jeune amante. Perdant tout contact avec lui, elle se retrouva entourée de dames très remarquables pour cette époque.

Son grand-père, *« le Patriarche »*, est né entre 1855 et 1860. Une de ses filles apprit le métier de sage-femme, ce qui n'était pas rien à une époque où les voitures étaient tirées par un cheval, dans une montagne aux paysages féeriques, aux hivers longs et blancs où l'on tremblait de froid, même dans les chaumières, dès que l'on s'éloignait du fourneau ! Hiver comme été, de jour comme de nuit, cette grand-tante partait pour accoucher des femmes dans les fermes perdues du Jura. En jupe, s'il vous plaît ! Ce détail vestimentaire m'a toujours impressionnée : imaginez un peu, dans le vent, alors que la neige vous arrive en haut des cuisses ! Sans oublier que nos ancêtres ne possédaient pas de tissus polaires ni de bottes d'hiver capables de gérer la transpiration des sportifs et l'humidité du terrain !

Parfois, des femmes venaient accoucher chez ma grand-tante. Ces jours-là, la maison entière était réveillée par les pleurs des nourrissons, des poupées vivantes dont il fallait s'occuper. Et j'ai le sentiment qu'à une époque où la télévision et internet n'existaient pas, ce pouponnage ne ressemblait pas à une corvée, loin de là !

Marthe, la seconde tante de Maman, était institutrice et vivait, elle aussi dans la maison. En 1900, dans un village de montagne, je vous assure que ce n'était pas chose courante. Et, petite touche humoristique vers les *« moustachus traditionalistes »* de l'époque, elle n'avait pas étudié pour s'occuper de la maternelle, loin de là ! Il n'y avait que des adolescents sur les photographies que j'ai eu l'occasion d'apercevoir sur les commodes de son salon. Si ces professeurs à poils et lorgnons posaient d'un air sévère sur leurs photos de classe, ma grand-tante me donnait l'impression d'être tout le contraire. Je l'ai toujours connue avenante, intéressée par l'autre, celui qui venait en visite chez elle. Jusqu'à la fin de sa vie, elle se passionna pour l'ensemble de l'actualité ! La politique bien sûr, mais je me souviens encore qu'elle cherchait à connaître les résultats sportifs du pays ski, football, hockey sur glace, dans les journaux puis, plus tard, à la télévision. Afin de ne pas mourir illettrée, disait-elle ! La dernière fois que je l'ai vue, le HC Bienne gagnait le championnat suisse de hockey, avec Olivier Anken dans les buts ! C'était en 1978 et elle ne ratait aucun évènement !

Marthe faisait tout cela en compagnie de sa sœur cadette, Marguerite, qui partagea sa vie depuis le jour où celle-ci fut touchée par la poliomyélite. Handicapée dans son corps, cette dame ne me semblait pas pour autant dépourvue de bon sens ni d'intelligence. Tout ce que sa sœur aînée savait, elle le savait aussi. La maladie ne l'avait pas empêchée de s'intéresser au reste de l'univers. Elle fut résiliente avant que ce mot n'existe !

À la suite des tantes, la sœur aînée de ma mère, née en 1916, devint secrétaire. Elle aussi ne se contenta pas d'un emploi dans une petite horlogerie perdue du Jura. Elle chercha plus loin et trouva une place, dans l'entreprise qui produisait le matériel cinématographe, les radios, les machines à écrire, à calculer et les tourne-disques à destination du monde entier ! Quant à sa seconde sœur, elle épousa un paysan et embrassa ainsi un des plus beaux et difficiles métiers du monde, portant à bout de bras quatre enfants et une exploitation agricole de montagne.

En remuant tous ces souvenirs, je réalise à quel point ces femmes étaient riches dans leur cœur, à quel point elles étaient, par leur courage, des exemples à suivre pour moi ! En contrepartie, les hommes brillaient par leur absence dans la famille de ma mère : Il y avait « *le timide* » le paysan, « *les absents* » mon père et mon grand-père, « les trépassés » le fiancé de ma tante secrétaire, qui fut happé par un train avec sa jeep militaire, alors qu'il était en permission pour se marier – ou simplement ceux qui n'entraient pas dans le programme de vie de ces dames.

Avec de telles influences, je peux comprendre que ma mère n'ait pas su concevoir les motivations de mon père, comme étant basées sur de bonnes intentions envers moi. Mais cela n'explique pas tout, en particulier le choix qu'elle fit en secondes noces. Car, malgré tout le respect que je lui dois, la vie est un long apprentissage pendant lequel nous avons tous le devoir d'évoluer en sagesse, d'une manière ou d'une autre.

Pour clore ce récit par un zeste de tendresse, voilà que, cinquante ans plus tard, atteinte dans sa santé par la maladie d'Alzheimer, ma maman fut placée dans un home médicalisé. Laissant bien involontairement ressortir son petit air coquin, elle embrassa à plusieurs reprises l'époux d'une autre pensionnaire, provoquant d'innocents, mais virulents conflits.

Chapitre 28

Il suffit de tellement peu pour apporter
un peu d'amour ou de haine autour de soi…

Dominique De Luca

(Monologue)

— T*u es Dieu ? OK !*

— *Tu dis que tu es celui qui est ? OK !*

— *Tu dis aussi que ton nom est amour ? Alors, prouve-le-moi ! À moi qui n'ai rien demandé, mais qui souffre ici-bas, à cause de mes tortionnaires !*

— *Et toi, Jésus de Nazareth, est-ce que ces opérations faisaient partie de tes plans pour moi ? Alors que Ta Parole m'enseigne que ton amour est gratuit et bienfaisant, qu'il n'est pas jugement, autodépréciation ou exigence jusqu'à la souffrance, comme le diable nous l'a si souvent fait croire !*

Eh oui, nous voilà confrontés à l'un des plus gros mensonges de sa Seigneurie Lucifer, poussant les moines catholiques jusqu'à l'autoflagellation pour trouver la paix de l'âme ! Purée ! Et je reste polie ! Moi, je n'avais pas besoin de souffrir pour réchauffer mon cœur et mon existence, pour connaître la joie et l'amour de la vie !

Et bien sûr, il ne suffit pas de poser des questions ; il faut aussi apprendre à entendre les réponses au lieu de les inventer selon nos convictions et nos avantages personnels ! Pour cela, il est important de réfléchir avant de commencer une excursion en pays inconnu. Car, pour ne pas se perdre sur la route de l'existence, il est préférable de s'éloigner le moins possible de la bonne piste, celle qui fait de nous des hommes et des femmes respectables dans l'histoire de cet Univers.

Mais comment ne pas se tromper de voie ? Et ensuite, ne pas reprocher à Dieu ce que Satan en personne a créé dans nos vies ? Même les bons chrétiens prennent de mauvais chemins. Alors nous autres, tous les autres, comment pouvons-nous trouver la bonne piste ? Sans être une spécialiste, il me semble que la Bible est une boussole fiable pour suivre la voie de la sagesse. Particulièrement si nous désirons marcher sans nous perdre dans les méandres de la vie. Il suffit de connaître quelques lignes de ce livre incroyable, pour commencer à épurer notre quotidien à son crible.

Pour ma part, j'ai appris à déchiffrer de petits textes, de petites prières avant même d'entrer à l'école obligatoire :

— *Veillons les uns sur les autres pour nous inciter à mieux aimer*[37]

Cela ne signifie pas :

— *Dominez, décidez pour vos semblables ce qui est bon pour eux !*

Vous voyez, lorsque la petite Dominique affirme qu'il suffit de connaître certains versets pour comprendre la logique du Christ, elle ne se trompe pas de beaucoup ! L'adulte que je suis devenue constate qu'ensuite seulement nous pourrons étudier, pour creuser encore et encore chaque phrase de la Bible. Mais dès que nous nous éloignons de cette base spirituelle, il est préférable de revenir en arrière, avant de poursuivre, afin de ne pas perdre notre boussole de VIE. Dans ce monde qui va de plus en plus vite, le plus astucieux serait donc, de se poser calmement. Puis de lire et réfléchir à cette question, sans jugements vis-à-vis du texte, de soi, ou de ceux qui nous entourent :

[37]. *Épître aux Hébreux. Chapitre 10, verset 24.*

— *Qu'est-ce que ces mots me disent, à moi ? Comment est-ce que j'entends cette parole ?*

À chacun d'entre nous de répondre selon notre propre sensibilité, sans s'étonner, si les réponses changent au cours des années, ou selon les jours. C'est normal. Car la parole de Dieu est vivante, elle n'est ni rigide ni frigide. Elle nous accompagne tout au long de nos jours, que l'on soit dans l'indigence ou dans la joie. Ainsi, apprenons-nous, au fil des années et des échanges, qu'elle a été écrite pour tous les humains, quels que soient leur culture, leur âge, leur époque et leurs expériences de vie.

Un sportif de haut niveau ne peut gagner sans avoir une hygiène de vie parfaite. Pour ma part, sans être une spécialiste en théologie, je crois sincèrement que les fruits du Saint-Esprit sont d'excellents fortifiants, pour arriver en bonne santé au bout de notre route. Telle une récolte offerte par des arbres, vivant dans une terre arrosée et ensoleillée à souhait, ils nous apportent de quoi fortifier notre âme. Et une âme bien nourrie aura plus de force pour repousser cette part d'obscurité qui squatte en chacun de nous et que la Bible nomme « *œuvres de la chair* », à savoir, nous dit Paul :

— *[...] [l'adultère,] l'immoralité sexuelle, l'impureté, la débauche, l'idolâtrie, la magie, les haines, les querelles, les jalousies, les colères, les rivalités, les divisions, les sectes, l'envie [les meurtres], l'ivrognerie, les excès de table et les choses semblables. Je vous préviens, comme je l'ai déjà fait : ceux qui ont un tel comportement n'hériteront pas le royaume de Dieu !*

— *Mais le fruit de l'Esprit, c'est l'amour, la joie, la paix, la patience, la bonté, la bienveillance, la foi, la douceur, la maîtrise de soi. Contre de telles attitudes, il n'y a pas de loi.*[38]

[38]. Épître aux Galates, chapitre 5, versets 19 à 23

Et voici un second texte, tellement important, un de ceux qu'il faudrait apprendre avant tous les autres, sans jamais l'oublier :

— *Si je parle les langues des hommes et des anges, mais que je n'ai pas l'amour, je suis comme un cuivre qui résonne ou comme une cymbale qui retentit. Et si j'ai le don de prophétie, la compréhension de tous les mystères, et toute la connaissance, si j'ai toute la foi, de manière à déplacer des montagnes, mais que je n'ai pas l'amour, je ne suis rien. Et si je distribuais tous mes biens et si je livrais mon corps pour en tirer gloire, mais que je n'ai pas l'amour, cela ne me sera d'aucun profit. L'amour est patient, il agit avec bienveillance ; l'amour n'est pas jaloux, il ne se vante pas, il ne s'enfle pas d'orgueil, il n'agit pas avec inconvenance, il ne cherche pas son propre intérêt, il ne s'irrite pas, il n'impute pas le mal. Il ne se réjouit pas de l'injustice, mais se réjouit avec la vérité. Il supporte tout, croit tout, espère tout, endure tout. L'amour ne meurt jamais.*

Or y a-t-il des prophéties ? Elles auront leur fin. Y a-t-il des langues ? Elles cesseront. Y a-t-il de la connaissance ? Elle aura sa fin... Mais maintenant, ces trois choses subsistent : la foi, l'espérance, l'amour. Et la plus grande de celles-ci, c'est l'amour.[39]

Et tant pis si l'on ne connaît que celui-là ! Ceux qui savent la Bible par cœur peuvent aussi, parfois, oublier quelques essentiels !

— *Pourquoi moi ?*

Deux simples mots, répétés par des millions de personnes ! Quant à moi, je n'ai jamais eu cette pensée. Devrais-je oublier ces enfants brûlés ou accidentés, ces adultes blessés ou malades du cancer qui me tenaient compagnie ? Une aiguille à tricoter enfoncée dans une prise électrique et voilà le drame. Des patines à glace fraîchement aiguisées, une petite fille qui tombe devant eux sans avoir mis de gants, et voilà, des doigts qui ne repousseront plus jamais. Et ce chasseur de gros gibier, mordu par un serpent quelque part en Afrique, qu'il fallut

[39]. Voir première épître de Paul aux Corinthiens – Chapitre 13.

amputer à la suite du garrot qui lui sauva la vie. C'est du moins l'histoire qu'il aimait à me raconter, chaque fois que, dans ma naïveté d'enfant, je lui posais des questions. Rêvant à cette vie d'aventurier, j'ai dû le solliciter au moins dix fois pendant qu'il fumait ses cigarettes.

Mais l'essentiel n'est pas là…

Ça va pour vous l'existence ? C'est peut-être le moment de respirer un bon coup en regardant par la fenêtre. À l'école j'étais devenue experte à ce jeu-là :

— *Un chat, des oiseaux qui s'envolent, un chien qui aboie, une voiture qui passe, des voisins qui rient ou s'engueulent et, au loin, des enfants qui jouent en criant ; une maison, un arbre, un nuage, le soir qui tombe ou le matin qui se lève et, à l'horizon, la chaîne du Jura qui prend une couleur différente chaque saison, le ciel…*

C'est incroyable ce qu'une fenêtre peut faire du bien à l'âme, en l'aidant à s'évader quelques instants loin des réalités de l'existence ! Pour avoir souvent marché en pleine nature, je sais que certains horizons sont doux, faits de pastel, soulignant en quelques lignes le relief d'une colline ou les frissons d'un lac. Les protagonistes sourient, comblés, figés à jamais par l'instant présent. Malheureusement, à part ces quelques taches de lumière, plus ou moins grandes et chaleureuses auxquelles je me suis accrochée, je n'ai pas vécu dans un tel décor.

J'ai grandi là-bas, au fond du tableau, là où les ombres s'entrecroisent avec la peur et la souffrance. Néanmoins, mordre n'a jamais été mon objectif de vie ! Et si, émotionnellement parlant, je n'aurais jamais pu travailler en pédiatrie, j'ai passé plus de quarante-six ans à aider, soutenir, soigner des personnes âgées, handicapées ou psychologiquement malades. J'ai beaucoup aimé mon métier d'aide et de soins à domicile, les gens, les rencontres, les échanges verbaux, la découverte constante d'autres manières de vivre, d'autres philosophies, d'autres cultures. Et c'est identique pour ma vie privée.

J'aime les échanges multiculturels autour d'une table, de la Bible et de la vie en général.

En vérité, sortant du tableau, j'ai le sentiment d'être une miraculée, rien de plus. Malgré mes larmes, ce sentiment est spontané. Je pourrais le garder pour moi. Mais non, il n'y a pas de raison à cela… Pourquoi est-ce que je cacherais mes larmes de gratitude ? Je ne connais pas la recette de cette reconnaissance, sinon, je la partagerais. Je sais simplement que je possède une aptitude, lorsque je ne suis pas trop fatiguée, à savoir regarder et prendre pour moi les détails infimes qui permettent de voir la beauté de la vie.

Les fleurs ont ça de merveilleux, qu'elles ne servent à rien d'autre qu'à faire plaisir ! Alors, chaque fois que je passe devant la boutique d'un fleuriste, je regarde toutes ces couleurs et je me nourris de toute cette beauté. Je n'ai pas d'argent pour m'en acheter. Mais ce n'est pas là l'essentiel ! L'espace de quelques secondes ou minutes, elles m'appartiennent toutes et renouvellent mon admiration.

Quoi qu'il arrive dans votre vie, n'oubliez jamais de regarder le ciel, de vous arrêter devant des enfants qui jouent, d'admirer pour son courage une fleur qui, trahissant toute logique de vie, fleurit là où les hommes n'ont mis que béton et pollution. Car les cicatrices ne recèlent pas que des polluants aux effets négatifs. Elles peuvent aussi nous aider à percevoir l'amour du Grand-Tout, là où personne d'autre ne le voit. Nous réalisons alors que nous pouvons souffrir, mais que nous ne sommes pas rien ni personne. Nous ne sommes pas non plus qu'un élément isolé dans un ensemble. Cette réalité porte à l'humilité, mais aussi à la gloire, car nous faisons partie d'un tout, grandiose et magnifique : une larme qui s'échappe d'un corps ou d'un esprit peut aussi apporter sa contribution au monde qui l'entoure.

Il est vrai que nous n'habitons pas tous en Suisse, dans un territoire aux paysages aussi variés et accessibles. Mais il est primordial d'aller se promener dans la nature, de l'observer fleurir chaque printemps, changer les couleurs de chaque automne. La forêt, la montagne, une fleur, un lac ou la mer ne sont pas de simples produits de consommation. Comme la musique et l'art en général, ils font partie du même *« Tout »* que nous et, à ce titre, sont une source de nourriture spirituelle infinie, une force pour ceux qui savent les apprécier à leur juste valeur.

Satan est puissant, mais il n'est pas le maître. Ce n'est pas lui le créateur de l'Univers ; la plus petite fleur le sait. Ce n'est donc pas à lui de gouverner nos vies !

Encore une fois, je suis convaincue que le Christ compatit à nos souffrances. Même si nous ne l'entendons pas, ne le voyons pas, il souffre dans sa chair et son âme, chaque fois qu'un innocent est blessé par la main du destin. Chaque fois que sa volonté de grâce et d'amour est bafouée.

J'ai ignoré cette réalité pendant plus de quarante ans. Je sous-estimais, et parfois encore aujourd'hui, cette empathie qui m'était adressée et m'éloignait ainsi de ma solitude. Mon père terrestre était absent, ma mère endurcie pour moins souffrir, comment pouvais-je imaginer un papa dans le ciel, souffrant avec moi ? Pourtant, enfant déjà, je sentais, presque physiquement, la présence mystique de Jésus à mes côtés, près de mon lit d'hôpital. Je savais qu'il existait, qu'il était là, mais jamais je n'aurais imaginé ou cru qu'il pouvait éprouver mes souffrances, les partager avec moi comme s'il avait été perforé par les aiguilles des infirmières en même temps que moi. Comme si on avait, à lui aussi, arraché des lambeaux de peau, encore et encore…

Finalement, qu'est-ce que cette découverte a changé dans ma vie ?

Quelque chose d'énorme, vu le contexte dans lequel je vivais : j'ai soudainement éprouvé le sentiment que quelqu'un connaissait ma douleur. Pas celle imaginée par mon esprit ou minimisée par mon entourage, mais bien celle que je ressentais ! Comme celle qui vit cachée au fond de mon âme, tel un loup apeuré. Jésus sait qu'il n'est pas normal de maltraiter un enfant de la sorte. Il a vu, entendu avec empathie, ce que j'ai vécu. Cela légitime mon statut de victime, me certifie que ce n'était pas juste un mauvais rêve. Que ce n'était pas seulement l'histoire d'une petite fille capricieuse et apeurée qui ne s'autorisait pas à pleurer ; que c'était réellement plus grave que cela !

La présence du Christ accorde une tout autre dimension à ma réalité : quelqu'un sait, dans sa chair, dans son âme. Devant lui, je peux rendre mes armes, je n'ai plus à me comporter comme un petit Sioux, fier et courageux qui ne montre pas ses faiblesses à ses ennemis ! Quelqu'un me comprend. Avec lui, je ne dois plus rien prouver. Devant lui, je peux enfin enlever mon masque.

Au lieu d'aimer la différence comme une richesse infinie, créée par la volonté de Dieu lui-même, nous critiquons, exploitons, rejetons, tuons, enfermons, cachons, tout ce qui nous semble singulier. Puis, tandis que des humains souffrent, parfois sur plusieurs générations et que les églises se vident, certains estiment qu'il suffit de s'excuser pour que tout soit effacé. Résultat : les victimes se révoltent contre Dieu, ce qui est bien dommage à mes yeux d'enfant. Car, comment peut-on se révolter contre l'amour absolu et gratuit ?

Mais en dehors de ça, est-ce que la fuite transforme les humains en monstres pour autant ? Je ne le pense pas. En revanche, je sais que le manque de foi provoque l'angoisse. Beaucoup de personnes croient gagner la liberté en s'éloignant de l'Unique, l'Éternel et le Consolateur. Elles revendiquent l'abandon des béquilles qui permettaient à leurs parents et grands-parents de marcher sans tomber. Mais cela reste une utopie. Et parfois, lorsque la vie leur semble trop difficile, elles tombent dans la dépression ou la dépendance. Les sectes entrent dans les brèches. L'alcoolisme, la pornographie, l'individualisme, la maltraitance augmentent. Alors, ils cherchent d'autres houlettes, bien plus exigeantes ; le Web et les réseaux sociaux sont là pour les aider dans leurs choix. Du coup, on peut comprendre que tant de personnes, désirant vivre dans la paix, recherchent un Credo plus juste, en harmonie avec l'homme et le Grand-Tout qui nous maintient en vie !

Pourtant, ce ne sont pas les excuses qui effacent nos fautes, mais la bonté de Dieu ! C'est cette bonté manifestée sur la croix qui efface sa colère, pas notre demande de pardon. ! Le seul mérite auquel nous ayons droit, c'est d'avoir enfin un regard lucide sur notre réalité. Tout le reste vient de Dieu, gratuitement.

Si je reparle du pardon, c'est parce que cette notion est parfois difficile à comprendre. En particulier lorsqu'on nous apprend à donner sans recevoir, à lutter, souvent seul, envers et contre tout. Mais voilà, Dieu, celui que j'ai rencontré à travers mes souffrances, n'est pas à l'image des humains. Il est trop facile de l'accuser de tous les maux du monde, que nous générons depuis des millénaires par nos comportements. Lesquels empoisonnent nos gènes et notre terre.

Dieu le créateur, lui, ne tue pas, ne torture pas, ne repousse personne, ne met personne à la dernière place. Et plus que tout, il pardonne à la prostituée comme à celui ou celle qui lui a été spirituellement infidèle, à la femme adultère comme au voleur et à l'abuseur, au révolutionnaire Barrabas, comme au voleur cloué sur la croix en même temps que lui.

Le Christ s'est assis auprès des lépreux, des Blancs, des Noirs, des handicapés, des riches comme des pauvres, d'une enfant sur un lit d'hôpital, auprès de toi lorsque tu souffres aussi… quelle qu'en soit la cause. Peu d'entre nous sont capables d'une telle générosité, d'une telle empathie. Et c'est bien triste, surtout si nous avons entendu ces mots :

— C'est à l'amour que vous aurez les uns pour les autres qu'ils reconnaîtront que vous êtes mes disciples.[40]

La Bible affirme que notre créateur a conçu l'homme à son image. Mais avant même que les premiers chapitres ne soient écrits, nos ancêtres, piégés par leur orgueil et leur manque d'imagination, lui avaient déjà rendu sa politesse, persuadés, comme nous le sommes aujourd'hui encore, que nous soyons juifs, musulmans ou chrétiens, que le Dieu créateur de toutes choses que nous prions, possède nos propres caractéristiques.

Il n'y a rien d'étonnant à cela. En effet, comment pouvons-nous concevoir ce qui dame le pion à notre imagination, ce qui est plus pur, plus sain, plus noble que nous ? Un créateur dont les œuvres dépassent notre vision ! Dont la sollicitude est tellement au-dessus de nos capacités à chérir le monde autour de nous ! Un Dieu capable de nous aimer, avant le pouvoir, l'argent ou le sexe ? Pas étonnant qu'il y ait un tel capharnaüm à travers le monde ! Puisque chaque culture, chaque famille, chaque époque possède sa propre logique de vie !

Satan est un ange déchu. Un jour où celui-ci devait être particulièrement de mauvaise humeur, il osa défier son créateur. Comme la majorité des humains depuis le commencement de leur histoire, il refusa de baisser la tête, se voulant égal, voire supérieur à lui. De là a commencé un duel censé se terminer au retour du Christ.

L'Éternel prétend être **la vérité, le chemin et la vie.** Cela signifie que tout ce qu'il fait porte cette signature. Il ne peut donc s'autoboycotter en devenant ce qu'il n'est pas. En conséquence, le diable a choisi le mensonge, la non-clairvoyance et la mort comme armes de guerre. Armes qu'il utilise pour détourner les individus des promesses divines. Avec le temps, ses attaques se sont transformées en puissantes techniques de combat contre Dieu.

[40] *Jean 13 :35*

Alors, voici une théorie sans prétention qui émerge de mes cicatrices et surtout n'engage que moi :

— *Faire croire aux hommes que Dieu leur ressemble, qu'il pense comme eux, qu'il voit la vie sur terre et celle d'après comme eux la voient, ne pouvait que nous conduire à l'abus de pouvoir !*

Dans certains esprits, celui qui créa l'Univers est devenu un Maître à penser, fait à leur image personnelle, imbue de leurs propres fantasmes et frustrations. Partant de cette logique, cela fait plusieurs millénaires qu'ils se permettent tous les droits sur le reste du monde !

Je pourrais résumer cela en disant que nous sommes pris en otage !

Chapitre 29

C'est long une vie ; cela peut faire
beaucoup de larmes et de questions !

Dominique De Luca

Lorsque je suis fatiguée de la vie ou que je pleure, personne ne peut imaginer la force de caractère qui, malgré mes larmes, se cache au fond de mon âme.

… Presque personne… Je peux imaginer que ce n'est pas toujours facile d'avoir la peau noire en Occident, d'avoir des cheveux roux ou d'être en obésité morbide, ou… trop maigre ou…

— *Mon Dieu, pourquoi tant de méchanceté ?*

Je sais que mes amis m'apprécient pour ce que je suis. Mais moi, est-ce que je n'aurais pas préféré grandir comme toutes les petites filles du monde, en contemplant dans les miroirs de ma vie, un corps sans cicatrices ? Néanmoins, aussi étonnant que cela puisse paraître, n'ayant jamais vu autre chose dans un miroir que cette petite frimousse balafrée, mais souriante, cette trace sur ma joue droite est aussi naturelle à mes yeux que la couleur de mes cheveux. Et surtout, elle ne m'a jamais empêchée de sourire ! Adolescente déjà, j'avais appris à utiliser ce sourire qui part de travers pour camoufler mes stigmates, en attirant l'attention des personnes en face de moi sur mes yeux et ma bouche.

Aujourd'hui encore, devant mon miroir, mon regard se fixe sur mes yeux. Peut-être pour ne pas avoir à contempler ma réalité, mais surtout parce qu'il faut avancer, quoi qu'il arrive dans notre vie ! Enfin, n'est-ce pas dans les yeux que l'on capte la vie, l'âme d'une personne ? Un être humain peut sourire, tout en ayant des yeux tristes, cruels ou fatigués ; un autre peut pleurer, mais garder le soleil au fond de son âme…

Mes yeux, à force de se charger de fierté, mais jamais d'arrogance, au fil de mes victoires, en sont devenus tellement expressifs que j'ai arrêté de les maquiller, pour ne plus impressionner les personnes âgées que je soignais ! Pourtant, dès mes jeunes années, le système hospitalier de la ville de Lausanne et ses blouses blanches m'ont enseigné une leçon que je peine à oublier : une fois dans leurs griffes, mon soyeux et tendre petit corps d'enfant ne m'appartenait plus. Ils pouvaient se comporter avec moi comme avec un animal de laboratoire. Tel un aigle étouffant un lièvre dans ses serres, ils me considéraient comme une chose servant à nourrir leur estomac, leurs comptes en banque, leurs études… ou leur notoriété s'ils parvenaient enfin à greffer une oreille sur ce petit bout de joue.

Je peux dire qu'elle hurlait par son absence, celle-ci !

Après la Seconde Guerre mondiale, des psychiatres ont découvert que les bébés qui n'étaient jamais portés, jamais bordés, ceux qui étaient juste nourris et changés, puis abandonnés dans leur lit sans que personne ne prenne le temps de rire avec eux ou simplement de leur parler en les regardant, en un mot, d'entrer en relation d'une manière ou d'une autre avec eux, avaient un taux de mortalité et de maladie beaucoup plus élevé que les autres. Faudrait-il alors supposer que les caisses d'assurance-maladie et d'invalidité des années 60 n'aient pas eu accès à cette information historique ?

Comme j'aimerais ne pas ironiser ! Mais j'ai tellement souffert de cette solitude imposée ! Pourtant, j'ai finalement appris à vivre courageusement avec elle, malgré elle : il y a une telle force dans l'âme des enfants, un tel pouvoir de compensation et d'adaptation ! D'ailleurs, Jésus en personne affirma en avertissant ses apôtres :

— *Laissez les petits enfants et ne les empêchez pas de venir à moi ; car le royaume des cieux est pour ceux qui leur ressemblent.*

Voici un des nombreux miracles de l'Écriture et, par là même, de la chrétienté : une petite phrase, sortie de la bouche même du Christ, qui porte à elle toute seule un pouvoir de résilience surnaturel pour tous les enfants du monde ! Jésus lui-même l'affirme :

— *Le Royaume de Dieu est pour ceux qui leur ressemblent.* [41]

Je ne suis donc pas une victime ! Bien au contraire, je suis une héroïne, une enfant chérie de Dieu… Quelle joie, quelle bénédiction pour tous les enfants qui souffrent, qui meurent parfois, par la main des adultes ! L'éternité et l'amour sont pour eux !

Seulement voilà, l'enfant grandit, puis vieillit et cette force risque de se transformer en fatigue.

Pendant que je grandissais, apprenant à tenir tête à ce chirurgien, les étudiants du monde entier entraient en révolte contre le légalisme de leurs parents et grands-parents. En Europe comme aux États-Unis d'Amérique, de grands mouvements apportèrent le goût de la liberté. Puis au fil des années, l'acceptation de la différence au lieu de la haine envers tous ceux qui pensent et vivent autrement qu'eux. Enfermés depuis trop longtemps dans une cage moraliste et religieuse, les mouvements hippies prônèrent le libertinage, ce qui, il ne faut pas craindre de l'avouer, apporta aussi son lot de problèmes et de conséquences catastrophiques. Des artistes, en particulier des musiciens aux mœurs douteuses, prirent la place des idoles dans l'esprit de la jeunesse. Les drogues dures comme le LSD et l'héroïne ne demandaient que ça pour jaillir dans tous les coins de rue, détruisant

[41]. Matthieu 19 :14

corps et âmes, provoquant une augmentation de la délinquance et de la prostitution. La libération des mœurs déclencha de nombreuses maladies ; ainsi, le SIDA arriva dans les rues de San Francisco. Tout se déroulait un peu comme s'il était réellement impossible de cuire une omelette sans casser des œufs.

Malgré cela, des écrivains, des pasteurs, des politiciens et des philosophes commencèrent à penser autrement : ils osèrent mettre un doigt révolutionnaire, et cependant respectueux, sur tout ce qui n'entrait pas dans le cadre de l'homme blanc et pur. Ils condamnèrent la haine et l'apartheid dans le cœur des humains. Certains comme Malcolm X et Martin Luther King, et bien d'autres anonymes à leur suite, l'ont malheureusement payé de leur vie.

En dehors des moments d'échange avec Manuel, qui se comporta de façon si amicale à mon encontre, je n'ai pas appris à me sentir en sécurité dans des bras forts et protecteurs, à me sentir belle par le contact d'un autre. J'ai appris, au contraire, que ces marques de tendresse m'étaient défendues. Pire, qu'elles étaient dangereuses, car abusives. Mais j'ai eu le temps, pendant toutes ces années, de voir le travail des infirmières autour de moi. Aider l'autre, c'est aussi une manière de se sentir exister. Donner de l'amour en pleine conscience, n'est-ce pas le meilleur moyen d'en recevoir en retour ?

N'ayant pu suivre des études supérieures, ce n'était pas envisageable dans le milieu qui me servait de famille ! En sortant de l'école obligatoire, j'ai donc travaillé une année entière pour me payer une école d'aide familiale. Et j'ai passé ma vie auprès de personnes qui m'ont enrichie de mille anecdotes et horizons. Et ça, c'est une richesse que personne ne pourra m'enlever !

Mon métier m'a enseigné une approche pudique et douce des gens âgés, souvent abîmés par la vie et un travail usant. À cette époque, et il est important pour moi de le préciser, on ne courait pas à 200 km/h derrière le temps. Il y avait encore, ce que moi j'appelle de l'humanité dans le domaine des soins. J'étais jeune et j'avais le temps d'écouter leurs témoignages. Je voyais des victimes, rongées de l'intérieur par les maux du passé. Pour moi, toutes ces âmes aux visages ridés étaient pareilles à des livres d'Histoire illustrés. Des ouvrages dont les pages possèdent davantage d'anecdotes et de vérités sur la vie que les chiffres et les grandes théories trop souvent dispensés dans les écoles.

J'avais pris conscience que la majorité des vieillards souffrant dans leur chair ou leur esprit avaient vécu de nombreuses injustices lors de leur jeune temps, plus particulièrement au cours de leur enfance. Comme s'ils avaient à payer deux fois le mal qu'on leur avait fait. Tandis que tous ceux qui avaient eu la chance d'avoir des parents et grands-parents protecteurs, qui n'avaient aucun souvenir réellement traumatisant et qui, de plus, avaient pu bien profiter de la vie, financièrement parlant, semblaient vieillir avec plus de sérénité.

Nos clients les plus âgés étaient si vieux qu'ils étaient nés avant 1890. Cela signifie qu'ils avaient vécu l'espace-temps de deux guerres, qu'ils avaient aussi appris à dormir dans des draps en lin rêches et épais, dans des chambres sans chauffage. Qu'ils avaient aussi appris à être contents, devant une simple pomme de terre cuite en robe des champs et un morceau de fromage ou un pot de confiture. Nombre d'entre eux prétendaient que seule une foi humble en Dieu les avait aidés à marcher jusque-là. Ils avaient grandi dans la foi en Jésus-Christ et se considéraient comme chanceux. Et si cela dérange les athées d'aujourd'hui, je ne peux rien y faire. C'est véritablement ce que j'observais dans les années 1970-80, à une époque où l'orgueil n'était pas encore enseigné aux petits princes.

Ma mémoire ancienne est partiellement faite d'hôpitaux, de leurs odeurs, de leurs atmosphères… de leurs corridors ressemblant parfois aux couloirs d'une prison. En dehors de la maternité, il fallait chercher la joie de vivre dans ces maisons !

Avant le Covid, dans les logis des malades, l'hygiène était ce qu'elle devrait être partout : proche de l'humain. Sauf exceptions, c'est-à-dire sauf bactéries chez un patient, personne n'était angoissé par les risques de contagion ou d'infection. À domicile, les soins sont plus softs, plus colorés, pratiqués dans des décors et des odeurs variés, exclusifs, propres et proches des malades concernés. De passage chez eux, le personnel soignant est nécessairement obligé d'accepter l'intimité des patients. Sauf dérogation, comme pour installer un lit d'hôpital ou demander que tel chien soit attaché ou enfermé lorsque nous arrivons, nous ne pouvons pas imposer notre loi.

Parfois, des personnes en fin de vie décident de mourir à la maison et je peux les comprendre : il n'y a pas de couloir de la mort dans un appartement, tout est plus humain, plus naturel et respectueux de la réalité de chacun d'entre nous. Bien sûr, il y a quelques exceptions, souvent liées aux maladies cousines de la démence. Ces affections mettent les personnes seules en danger et sont, au fil des semaines, de jour comme de nuit, des poids beaucoup trop lourds pour les proches aidants. Mais pour le reste, même pour les *« cas sociaux »* qui vivent dans de tels taudis qu'on a de la peine à imaginer ce décor sans l'avoir vu de nos propres yeux, je ne changerai jamais d'avis quant à ce que je considère comme *« ma vocation »* : être soutenu par les soins à domicile jusqu'au bout de la vie est à mon avis, ce qu'il y a de préférable pour une personne indépendante, ne souffrant pas de la solitude.

Aujourd'hui, je ne peux plus sortir d'un hôpital, après avoir visité une personne ou subi un examen, sans avoir besoin de ma dose de chocolat. J'ai beau essayé d'oublier cette addiction, elle reste là, bien vivante, même après plusieurs jours de résistance… jusqu'à ce que je me soulage en mangeant un morceau plus ou moins grand, de ce savoir-faire hérité de mes ancêtres suisses.

Néanmoins, je suis réaliste… et reconnaissante : mon corps et mon esprit pourraient avoir besoin de produits moins sympathiques ! Et pas uniquement lorsqu'ils plongent dans la matrice de mon pire ennemi. D'autres blessés de la vie tombent dans la dépendance pour moins que ça.

Si je n'ai jamais fumé ou consommé de drogue, je savoure volontiers un verre d'alcool, plus particulièrement de vin, qu'il soit blanc pour accompagner une bonne raclette ou une fondue au fromage, ou qu'il soit rouge pour ajouter un peu de fête aux pâtes ou relever un morceau de viande. Que je sois en compagnie ou non. Mais ce plaisir charnel reste une exception : pendant les vacances par exemple et, exclusivement, lorsque je me sens bien. Et je crois, que d'avoir développé un esprit critique et observateur, m'a enseigné une hygiène de vie qui, pour ma part, m'a été très utile ! Et savez-vous, que les liens du sang, donc de la génétique, semblent être les plus forts pour déterminer notre héritage comportemental face aux addictions ? Au-delà du fait que – *et il est très important de le dire à voix haute* – les soins et l'empathie reçus par une tierce personne peuvent provoquer des miracles.

Pourtant, aujourd'hui, lorsqu'une personne cherche à me consoler, mon réflexe de survie est de lui dire :

— *Surtout, ne me touche pas… !*

Car si l'on me touche, je risque d'être abusée une fois de plus. Et si l'on remarque mes pleurs, on accentue ma honte. Il est donc préférable, pour moi, de m'endurcir ou de m'isoler. Et puisqu'il faut survivre, coûte que coûte, il préférable de croire que je suis vilaine à cause de mes cicatrices, que je ressemble à mon père… et que mon père est un méchant !

Voilà, tout est dit : comme un animal blessé par ses semblables, je m'enferme dans le cercle infernal de leur censure, construisant un mur inconscient, mais très épais autour de moi. Ainsi protégée, j'ai passé ma vie entière à détourner mon regard des hommes, particulièrement de mes compatriotes.

En vérité, j'ai acquis un instinct de protection supérieur à la moyenne, pour moi comme pour mon entourage. Cependant, vivre au quotidien en gérant mes stress post-traumatiques et mon handicap me prend tellement d'énergie, que je ne peux pas aider mon entourage autant que je le voudrais. Cela génère de l'épuisement, et par ricochet, de l'incapacité à prendre soin d'une partie de mes besoins. Néanmoins, l'un de mes pires défauts s'en est allé avec l'âge : mon intolérance envers tous ceux qui, à mes yeux, auraient pu lutter davantage pour améliorer leur vie. Je ne parle pas de leur vie financière, mais bien de leur vie de tous les jours, celle qui les aiderait à être en bonne santé physique et psychique.

En contrepartie, à cause de la fatigue liée à mon handicap et mon stress post-traumatique, l'isolement social et la pauvreté me guettent : si je craque, qui paiera mes factures ? Je pourrais en être triste. Je le suis de temps en temps, mais j'essaie de me raisonner. Car personne, animal ou humain, ne peut lutter pour sa survie tout en privilégiant son petit confort personnel. Pour ne pas devenir complètement folle, j'ai appris à vivre en oubliant ma propre réalité et je me suis battue ; j'ai lutté, sans en avoir l'air, dans une humilité qui a souvent été interprétée comme de la faiblesse. Je me dis que ces jugements ont simplement chatouillé ma fierté, suffisamment pour me permettre de garder la tête haute, au fond de mon âme.

Avec les années, j'ai aussi appris à me méfier des effets secondaires de la fatigue. Et j'accepte avec philosophie de faire mon deuil du bruit, des échanges trop bruyants et fatigants pour mon oreille gauche et mon cerveau. En contrepartie, je savoure ces espaces-temps où je me ressource, me repose dans le calme avant de penser négativement, avant de chercher une compensation. Puis je remercie Dieu de m'avoir donné un époux qui apprécie ce silence rempli de sagesse, de couleurs et de beaux paysages, dès que nous partons avec nos souliers de marche et nos sacs de pique-nique dans le dos.

Je peux passer des heures à contempler une chatte, un couple de cygnes ou de canards qui surveillent du coin de l'œil leur progéniture. J'ai toujours été impressionnée devant ces parents, laissant une certaine liberté à leurs petits, sans trop s'inquiéter. Mais dès que le chaton ou l'oisillon se met en réel danger, car il y en a toujours un qui en profite pour s'aventurer à faire une cascade ou à se laisser emporter par le courant, les mères vont récupérer l'imprudent. En revanche, qu'ils se fassent mal en jouant ou en se bagarrant avec leurs frères et sœurs, n'est pas leur problème. J'en déduis qu'il est impossible de vivre sans apprendre à supporter un certain conflit et une certaine douleur. Car pour la plupart de ces animaux, seuls les plus combatifs, les plus résistants, les plus intelligents et parfois les plus chanceux survivront. Les autres sont souvent voués à une mort précoce.

Toutefois, les mères animales comme les louves et les lionnes ne se contentent pas de faire la police. Elles lèchent leurs petits, encore et encore, tandis que les cygnes, mâle et femelle gonflent leurs plumes pour leur offrir un abri chaud et douillet. En dehors des reptiles, tous les bébés de cette planète ont besoin de cette protection avant de partir découvrir le monde. Ne dit-on pas d'un homme aigri qu'il a le caractère d'un ours mal léché ? Même si les animaux gagnent leur indépendance bien plus vite que les humains, un chaton séparé trop tôt de sa mère en subira des séquelles. Et ceux qui ont adopté un chiot en bas âge, savent à quel point celui-ci a besoin de leur présence, à quel point il recherche le contact physique. Privez-le de vos câlins, et il sera difficile à dresser, peureux, voire dangereux pour son entourage.

La tendresse, l'amour, le respect, les compliments sincères et les encouragements sont des remèdes universels contre les traumatismes. Tomber, se faire mal est une banalité pour tous ceux qui marchent. En revanche, être consolé n'est pas à la disposition de tout le monde. Néanmoins, nous sommes tous obligés de nous relever, si nous désirons poursuivre notre apprentissage de la vie.

Heureusement, les mentalités changent et, j'en suis sûre, souvent dans la bonne direction… même si, parfois, nous pourrions en douter, tant elles ont de la difficulté à évoluer. Mais avant les années 60, savait-on seulement ce que signifiait le mot enfant ? Les choses ont commencé à s'améliorer dans les années qui suivirent, comme par hasard, au moment où la pilule contraceptive est arrivée en Europe. Dès lors, faire un enfant est devenu un choix, plus une fatalité. Puis Bernard Martino[42] a écrit *« le Bébé est une personne »,* un livre incroyable par sa pertinence ! Et au fil des décennies, notre société a renversé la balance au point qu'aujourd'hui, certains individus en oublient la case *« adulte »* et restent leur vie durant dans une enfance rebelle, et souvent gâtée.

Comment en sommes-nous arrivés là ? Pourquoi a-t-on donné autant de pouvoir au corps médical et plus particulièrement aux blouses blanches des médecins ? Quelle ironie de poser ces questions aujourd'hui, alors que, pendant la crise du Covid, ils étaient tous là pour nous sauver la vie, luttant contre un ennemi invisible dont on ignorait tant de choses, cherchant à créer un vaccin qu'on espérait capable de sauver des milliers, voire des millions de vies. Et alors que nos autorités nous parlaient du risque de devoir faire un tri, j'ai vu des malades à qui on avait refusé l'accès aux hôpitaux parce qu'ils étaient déjà *« soignés »* dans un home médicalisé ! Plusieurs d'entre eux ont peut-être eu la vie sauve grâce à cette décision.

Sans trahir aucun secret professionnel, je dirais simplement que j'ai participé, moi aussi, même modestement à cette grande aventure. Des malades sont décédés. Mais je veux garder le souvenir de ceux qui en

[42]. Bernard Martino – cinéaste, documentariste et écrivain français. *Le Bébé est une personne* Éd° Balland (janvier 1985) fut d'abord un film documentaire, sorti en 1983, pour l'ORTF.

sont revenus, malgré des souffrances et un épuisement que je ne souhaiterais à personne. J'ai vu des gens qui semblaient être arrivés à quelques centimètres de la mort, revenir à la vie comme par miracle, lentement, tout lentement… et guérir ! J'ai vu certains rescapés de cette épidémie ne plus jamais être ceux qu'ils étaient avant la maladie. Et, pour avoir non seulement vu, mais aussi vécu tout cela, jamais je ne me permettrais d'émettre un quelconque jugement vis-à-vis des choix, opérés par le personnel soignant placé sur le front de cette maladie cruelle et méprisable.

Et aujourd'hui, bien que je n'aie pas suivi d'études en médecine, je peux comprendre le stress du praticien qui doit ordonner ou non de mettre une personne sous respirateur, tout en ignorant si cet acte sera capable de la sauver ou provoquera sa mort. Certains n'ont pas été intubés et sont revenus, mais le contraire s'est aussi produit. Alors, qui sommes-nous pour juger, nous qui n'avons eu aucune responsabilité à assumer dans ce domaine ? Pendant que nos autorités protégeaient les hôpitaux en difficulté, pour faire face à cette pandémie, certains pensaient, et clamaient qu'un vaccin, acte sociétaire qui sauve des millions de vies, était un abus et un non-respect de l'intégrité personnelle, du moment où il devenait imposé.

Tout est bien compliqué. Car au final, dans une démocratie, les héros ne sont pas toujours ceux qui se battent contre les autorités. Mais ceux qui affrontent, au quotidien, les réalités de la vie et de la maladie, et dont on parle si peu !

Fallait-il ce drame d'envergure internationale pour qu'enfin, on les entende ? Pour qu'enfin on voie la plupart d'entre eux tels qu'ils sont : épuisés, à bout… et si mal remerciés ?

Chapitre 30

Sur ta route, il y aura des heures où tu seras heureux
et d'autres où la tristesse sera ta compagne.
Tu n'as pas fait d'erreur ; la vie est ainsi faite !

Dominique De Luca

Dans les années 60, personne ne parlait de pratiquer du sport et encore moins de prendre du temps pour soi afin de rester en bonne santé. Mais je ne suis pas convaincue que ces nouvelles pratiques auraient changé quoi que ce soit dans la fin de vie des rescapés de la Deuxième Guerre mondiale, pour ne citer que cet exemple. Et là, je pense tout particulièrement à tous ces vieux agriculteurs que l'on reconnaissait à leur visage fatigué par le soleil et la pluie, ainsi que leurs jambes, leur dos et leurs mains déformés par l'effort. Car les grandes souffrances poussent le culot jusqu'à faire des petits derrière le dos de leurs victimes. Et si nous n'y prenons garde, si nous n'effectuons pas un travail de résilience, ils influencent nos vies de manière négative.

Des chercheurs canadiens ont découvert que les traumatismes de l'enfance peuvent altérer l'ADN au point d'influencer le fonctionnement des gènes. Ces résultats confirment des observations effectuées sur des rats, selon lesquelles les soins maternels jouent un rôle significatif sur les gènes qui contrôlent la réponse au stress. Cette recherche prend appui sur les résultats d'une étude, montrant que les mauvais traitements subis pendant l'enfance laissent des marques épigénétiques sur l'ADN :

— *L'expérience clinique nous a appris qu'une enfance difficile peut avoir des suites sur le cours de la vie,* souligne de docteur Turecki.

— *Aujourd'hui, nous commençons à comprendre les conséquences biologiques des sévices psychologiques,* ajoute le professeur Szyf.

Mais cela semble aller plus loin encore : selon des chercheurs zurichois, les enfants traumatisés risquent de développer des troubles, puis de les transmettre à leur progéniture par le sang :

— *Nos résultats montrent que les traumatismes subis en début de vie affectent non seulement la santé mentale, mais aussi la santé physique à l'âge adulte sur plusieurs générations,* souligne Isabelle Mansuy.[43]

Une meilleure connaissance des processus biologiques à l'origine de cet état de fait pourrait, à l'avenir, aider à prévenir les conséquences tardives des traumatismes. Et comme rien n'est nouveau sous le soleil, un siècle avant Jésus-Christ, une main d'homme, quelque part en Samarie, avait écrit ces quelques mots sur un parchemin :

— *L'Éternel est lent à la colère et riche en bonté. Il pardonne l'iniquité et la rébellion, mais il ne tient point le coupable pour innocent et il punit l'iniquité des pères sur les enfants jusqu'à la troisième et la quatrième génération.*[44]

La science moderne arrive à prouver ce que nos ancêtres savaient depuis des millénaires. On peut en déduire qu'à cette époque, les hommes avaient suffisamment de temps pour observer et réfléchir, tout en étant capables de faire des déductions cohérentes, notamment lorsque certains malheurs semblaient s'accrocher aux familles. Néanmoins, ils ignoraient que nous étions faits de gènes et de chromosomes bien définis, passant d'une génération à l'autre.

[43]. Les traumatismes de l'enfance transmis aux descendants – 16/10/2020

[44]. Livre des Nombres – Chapitre 14, verset 18.

Cette découverte m'émeut. Elle m'aide dans ce processus de pardon vis-à-vis de mes propres manquements, en les transformant en résilience malgré et contre tout. Puis à accepter ce chien de garde qui est assurément inscrit dans mes chromosomes, faisant de moi un être différent dans cette société. Mais elle signifie aussi qu'une personne sans protection de l'extérieur, fortement traumatisée et confrontée sans préavis à des souvenirs dont elle seule connaît la violence, est incapable de raisonner. Ce comportement, illogique pour les maîtres Zen, n'est pas dû au manque de volonté. Il s'agit d'une simple réaction neurologique de survie, qui empêche les informations reçues d'aller jusqu'aux cellules grises de notre cerveau, lesquelles apportent aux humains l'acte de réflexion.

Mais si la personne blessée s'avère trop jeune pour posséder des souvenirs respectueux de ses besoins fondamentaux, antérieurs à ses traumatismes, que lui reste-t-il comme fondements agréables pour construire sa vie ? Quelles fondations construisons-nous pour tous ces enfants emportés par les griffes de la guerre ou sur les chemins de l'exil ?

Lorsque l'on sait qu'un bébé capte trois à quatre fois plus vite que nous ce qui se passe autour de lui, alors qu'il n'est pas encore en possession d'un cerveau capable de cognition, raisonnement ou gestion des émotions, on peut facilement en déduire qu'un enfant traumatisé aura davantage de difficultés à gérer ses émotions futures qu'un adulte ayant vécu les mêmes blessures.

Chat échaudé craint l'eau froide, dit un adage populaire. La sagesse des anciens n'est pas à négliger, car chaque cellule de notre corps possède une mémoire. Chaque traumatisme, chaque douleur, mais aussi chaque odeur sont inscrits à tout jamais dans nos muscles. Au point que nos gênes s'imprègnent de ces souvenirs qui circulent alors d'une génération à l'autre.

J'aime à penser que chaque source de plaisir, de tendresse, de reconnaissance en fait tout autant. Du coup, cette réalité m'aide à relever la tête en me donnant l'envie et la force de témoigner pour la cause des enfants traumatisés. Mais si le bien et le mal que l'on a subis ou causés persistent, si leurs racines à tous deux sont à ce point profondes, est-ce que les dés seraient jetés avant qu'on ait commencé la partie ?

En attendant de trouver la réponse à cette question, essayons de bien jouer cette partie-ci, pour qu'il y ait de moins en moins de perdants sur cette terre. Et arrêtons de critiquer nos semblables ! Car, ils possèdent, tous, des racines aussi profondes que les nôtres. Et, comme nous, nos compagnons de route n'ont pas choisi l'ascendance à laquelle ils appartiennent. Nous avons beau vivre dans un monde virtuel, la vie de nos ancêtres est inscrite dans nos chromosomes, au même titre que la couleur de nos cheveux et de nos yeux.

Une enfance détruite semble donc équivaloir à une vie imprégnée de tant de peines et de luttes pour rester connecté à la société, qu'elle en paraît immensément longue ! Et même si j'ai la chance de posséder une âme de guerrière et une spiritualité saine et forte, j'affirme, après 46 ans de métier et 63 ans de constats personnels, que ces lests sont des poids bien difficiles à jeter par-dessus bord. Malgré notre volonté à être plus forts et plus arrogants que les générations précédentes, nos gênes ne peuvent oublier ces histoires aussi facilement.

Cette réalité est malheureusement valable pour la torture, l'esclavagisme, l'abus, le mépris des femmes ou d'une caste. Tous ces agissements touchent au-delà de l'esprit et de l'instant présent. Et c'est bien là, ce que j'ai le plus de peine à pardonner à mes tortionnaires. Ce que j'ai le plus de peine à me pardonner à moi ! Comme si… j'aurais dû être capable de ne pas faire passer mon stress post-traumatique au-delà de ma propre personne ! Donc là, une fois de plus, il est temps qu'on arrête de me dire que chaque individu est responsable de ce qui lui arrive ! Ou, comme je l'ai parfois entendu, que la gérance des effets secondaires est de notre entière responsabilité !

Ces gentils commentaires m'ont toujours fait fantasmer avec un zeste d'humour noir :

— *Comme j'aimerais avoir une baguette magique capable d'échanger mes souvenirs avec ceux de ces braves ! Que feraient-ils de leur vie aujourd'hui, dans la situation qui fut la mienne ? Alcoolisme, prostitution, prison, incapacité de travailler et d'avoir une vie sociale équilibrée ? Tiendraient-ils encore de telles théories, lues dans je ne sais quels bouquins, écrites par je ne sais quel illuminé qui s'est, un jour, à peine écorché les genoux sur le goudron ?*

Nous ne pourrons pas ignorer les personnes blessées par la vie ; elles marcheront toujours à nos côtés. Mais à cause de notre indifférence, quel prix devront-elles payer pour ce faire ? Certaines vieilliront plus vite que d'autres, usées par leurs traumatismes. J'ai entendu dire que les rescapés des camps de concentration de la Seconde Guerre mondiale avaient, en moyenne, une espérance de vie de 60, 65 ans au plus. L'exemple est extrême, mais il n'y a pas beaucoup de réfugiés politiques ni de déracinés parmi les centenaires heureux.

Des livres ont été écrits, des formations ont été dispensées pour expliquer toutes ces choses aux professionnels. Mais toutes les victimes ne peuvent pas entrer dans une faculté. Si les greffes pratiquées sur ma tête n'ont pas tenu, toutes ces autres réalités ont bien été implantées, à vie, dans mon âme comme dans chacune de mes cellules : le chirurgien et ses acolytes, instrumentistes, assistants, infirmières, anesthésistes m'attendaient, telles des marionnettes, des fantômes obéissant à un esprit malsain, habillés de vert ou de blanc, un bonnet en tissu sur la tête, les mains gantées et surtout, portant d'horribles masques sur le visage.

Mon entourage l'ignore, mais *« quelqu'un »* vit en moi, un être que je suis seule à connaître et qui regarde le monde de loin, en silence. Un animal farouche qui sait de quoi les humains sont capables et qui craint particulièrement les hommes. Il a fallu que je divorce, à l'âge de 44 ans, pour prendre conscience de ma peur panique des hommes. Une phobie inscrite au tréfonds de mon être, sans que je puisse faire quoi que ce soit pour l'apaiser. C'est à ce moment que je découvris, de manière consciente, cette présence particulière cachée quelque part en moi, plus forte que ma volonté et mes utopies d'avenir.

— *Demandez à Dieu de faire du bien à ceux qui vous persécutent : oui, demandez du bien pour eux, ne demandez pas du mal ! Partagez la joie de ceux qui sont dans la joie, les larmes de ceux qui pleurent. Ayez les uns pour les autres une égale considération, sans viser à ce qui est trop haut : laissez-vous, au contraire, attirer par ce qui est humble. Ne vous prenez pas pour des sages*[45].

Sur mon chemin, j'ai eu la chance de rencontrer beaucoup de promeneurs intelligents et réceptifs, qui ont eu la sensibilité et le jugement nécessaires pour exprimer cette observation étrange, même pour moi :

— *Tu nous acceptes tels que nous sommes, tu échanges, parles, rigoles avec nous, tu nous donnes la permission de t'approcher. Mais il y a en toi une frontière invisible, une limite qu'il nous est impossible de franchir. Sans même que tu n'aies besoin de dire quoi que ce soit, quelque chose nous maintient à distance, indépendamment de ta volonté, mais avec férocité !*

Et je sais aussi que plusieurs personnes mal intentionnées ont été confrontées à cette réalité que je pourrais traduire ainsi :

— *Un loup invisible, vivant quelque part dans ton âme, est prêt à nous « égorger », si nous nous approchons trop près de toi.*

[45]. Romain 12 : 14 à 16.

Il est là, prêt à m'éloigner de vous… ou pire, à égorger celui qui s'approcherait trop près de moi. J'ai beau essayer de le rassurer par des caresses, des mots d'encouragement… rien n'y fait ; il reste là, comme une sentinelle indépendante de ma volonté. Tel un animal blessé, il a grandi et vieilli avec moi. Même en prenant de l'âge, je sais qu'il n'acceptera plus jamais de saigner par le bon vouloir masculin.

Depuis, j'ai appris à identifier ce colocataire étonnant. Mais cela ne signifie pas que j'aie réussi à le chasser complètement de ma vie. J'apprends simplement à vivre en sa compagnie, à l'apprivoiser, parfois, en douceur. Mais cela prend du temps et de l'énergie. Car, même vieillissant, il est encore capable de montrer ses crocs contre une personne qui réveillerait involontairement d'anciennes cicatrices. J'ai beau le croire endormi au point de l'oublier, il lève la tête dès qu'un individu à risque s'approche de moi.

Vous pensez que j'exagère ? Voici une anecdote qui m'impressionne encore aujourd'hui. Un jour, vers 1995, alors qu'un petit garçon de notre ville avait été enlevé par un pédophile qui essaya de le faire passer en Italie, je surpris une conversation entre ma mère, mon beau-père et le père de mes enfants :

— *Ma femme ne m'a jamais rien dit. Mais si par malheur je touche à notre fille, ou même à notre fils, elle me tue* !

Malgré la passivité dans laquelle je pensais vivre, ce *« protecteur »* était bien vivant. Et sans que j'aie à le réveiller, il montait la garde, en dehors de mes pensées et de ma volonté. Selon mon ex-mari que j'ai côtoyé pendant 27 ans, il était capable de tuer à mains nues pour protéger mes enfants. Ce phénomène est difficile à expliquer à une personne n'ayant jamais subi de traumatismes aussi graves que les miens. Et je sais avoir été critiquée, voire jugée sans pitié pour cela. Comme je sais que toutes les personnes ayant survécu à la guerre ou la torture me comprendront.

Faut-il avoir des mains noires pour me tranquilliser ? En tout cas, je sais que je ne pourrai jamais avoir un médecin me rappelant mon chirurgien. Car tout mon système cognitif est en stress maximal devant une blouse blanche, recouvrant des épaules masculines ou devant une femme se comportant comme un homme. Mais pas uniquement… Il suffit qu'une personne me dise ce que je dois faire ou penser pour provoquer la vigilance de mon étrange compagnon. Un simple pasteur rempli de bonnes intentions est capable de lui faire lever la tête et retrousser les babines, fabriquant involontairement un mur de protection qui le forcera à demeurer à l'extérieur. Et une femme cherchant à me dominer trouvera elle aussi et, à coup sûr, ses crocs acérés ou son envie de liberté rugissant devant elle.

Alors, SVP, pour votre propre sécurité et pour la mienne, respectez mes distances. Car un animal blessé peut mordre dangereusement. Et je n'ai pas envie de finir ma vie en prison ! Qui sait ? Cela aurait pu arriver le jour où une cette femme m'agressa en frappant sur mon bras, si l'Esprit de Paix n'avait pas fait son œuvre dans le silence de mon cerveau, plus rapide, plus fort que mes réflexes de survie et années d'entraînement, qui faillirent écraser la tête bien mise de cette femme contre une fenêtre ![46]

Que faire contre tout cela ? Comment lutter contre ces fantômes qui nous pourrissent la vie ? Après avoir accompagné et écouté pendant tant d'années tant de personnes ayant vécu 70, 80 voire 90 ans et plus, quelque chose en moi me dit qu'accepter tout simplement la réalité, sans chercher à se battre pour changer quoi que ce soit, n'est pas entièrement erroné. Prendre conscience qu'une partie de cette souffrance va nous accompagner jusqu'au bout de notre vie, puis l'accepter avec humilité, ne me semble pas non plus dénué de sagesse. Et là, je pense à l'apôtre Paul, tributaire d'une écharde dans sa chair, lorsqu'il disait :

— *Car lorsque je suis faible, alors je suis fort.*[47]

[46]. Pour rappel, cette anecdote est racontée au chapitre 18.
[47]. *2 Corinthiens 12 : 7 à 10*

Certains nomment cela la sérénité. D'autres préciseront qu'il s'agit aussi d'un acte de résilience ! Mais là aussi, attention ! Il ne faut pas tomber dans une fausse paix, ressemblant de près ou de loin à la fatalité. Car seule la vraie paix est portée par une lumière, qui éclaire aussi notre entourage. Et même si sa clarté est aussi fragile que celle d'une chandelle ou d'un cierge caché au fond d'une cathédrale, elle apporte un apaisement lié aux promesses d'espérance, notamment celles consignées dans les évangiles.

Croire, avec une immense humilité, qu'une vie nous attend après la mort m'aide à trouver la paix. Et j'insiste sur le fait que je ne me réjouis pas de mes souffrances ! Penser ainsi serait cultiver un orgueil bien mal placé ! Cela équivaudrait à nourrir Satan de petits pains au lait ! Mais vivre tout simplement l'instant présent, en avançant pas après pas, sans exiger de l'existence ce qu'elle ne pourra pas nous donner, revient à entrer dans un monde de sérénité et de foi, tout en nous éloignant de la faiblesse spirituelle. Car, derrière l'humilité, se cache la force du Saint-Esprit !

En vérité, beaucoup de ceux qui nous persécutent ne sont ni heureux ni comblés par leur vie. Et nous, chrétiens, sommes invités à prier pour eux, en tant qu'adultes responsables, à tendre la main à celui qui est différent au lieu de le critiquer. Agir ainsi devient un acte de force et non un signe de faiblesse ! Non seulement la souffrance des uns provoquera moins de dégâts, mais elle deviendra plus douce à supporter pour les autres.

Mettre ces choses en pratique nous donnera le sentiment de faire partie d'une grande communauté d'hommes et de femmes, liés les uns aux autres grâce à l'amour. C'est alors que la joie pourra remplir le cœur même des plus touchés par la vie ! Et ce n'est pas un hasard si s'ouvrir aux autres, s'occuper des plus faibles, sont de très bons remèdes contre la dépression.

Il existe des pays où l'autre est la seule, ou du moins la plus importante richesse que les humains possèdent. Ils vous apprendraient à prendre le temps de vous asseoir auprès d'une personne pour l'écouter. De vous mettre physiquement à la hauteur de ses yeux, afin qu'elle ne se sente pas inférieure à vous. Et si je reconnais que chaque nouvelle culture est suffisamment compliquée à comprendre, pour étirer à chaque fois un peu plus notre horizon, je sais aussi qu'il n'y a pas de plus grande richesse dans ce bas monde, que de s'approcher d'un être humain sans juger les musiques qui bouleversent sa vie.

Observons l'apôtre Paul : après avoir lui-même persécuté l'Église, il choisit de souffrir pour et à cause de sa conversion au christianisme. Son témoignage, à travers ses tourments, montre que ses tortionnaires ne pouvaient briser ni lui ni sa foi en Jésus. Son intégrité contre la haine, celle de David contre Goliath, puis celle du Christ contre le diable prouvent à tous que la faiblesse dans la foi est plus puissante que la force d'un agresseur, croyant avoir du pouvoir sur notre vie. Cette humilité permet de faire refleurir des fleurs d'amour, là où les hommes ont fait naître un désert.

Et si ma foi m'aide à concevoir un Eden auprès du Christ, pour moi comme pour tous ceux qui cherchent le pardon avec sincérité, cette éternité prend une valeur particulière lorsqu'elle se confronte à l'enfer.

— Je vous laisse la paix, je vous donne ma paix. Je ne vous la donne pas comme le monde la donne. Que votre cœur ne se trouble point, et ne s'alarme point.[48]

Mourir dans une paix qui ne possède aucune autre frontière que notre propre cœur est la bénédiction que je souhaite à tous les vivants. Je parle d'une paix profonde, sincère, produite par le pardon, pas d'une paix artificielle, conquise par une dose de morphine ou d'autres calmants tels ceux qu'on nous autorise désormais à administrer aux personnes en fin de vie.

[48]. Évangile de Jean, chapitre 14, verset 27

Chapitre 31

Lorsque tu sèmes du bonheur dans le cœur d'un autre,
arrivera un jour où quelqu'un le sèmera dans ton cœur.
Car la vie rend ce qu'on lui offre.

Cheikh al Ma'asrawi

— *Laissez venir à moi les petits enfants, car le royaume de Dieu appartient à ceux qui leur ressemblent*[49]....

Retrouver la foi d'un enfant, c'est aussi retrouver ce pour quoi nous sommes faits, puis laisser venir à soi tous ceux qui ont une implication constructive dans nos vies.

Je fréquentais une grande église évangélique dans laquelle je n'ai trouvé aucun soutien lors de mon divorce. À la place, je ressentais plutôt un malaise, presque physique, en particulier depuis que le fils de l'ancien pasteur avait été accusé d'attouchements sexuels sur des mineurs. J'ignorais ce qui s'était réellement passé, vu que personne n'en parlait à voix haute et que notre propre fille ne s'était jamais retrouvée seule avec lui. Pourtant, mon malaise augmentait. Jusqu'au jour où j'appris la vérité et que je compris le silence malsain instauré autour de cette histoire : une omerta protégeait le coupable au lieu de

[49]. Matthieu 19 :14

mettre les victimes sous la lumière réparatrice de la Vérité. Comme si ses actes criminels n'étaient pas si importants que ça !

Au lieu de lui passer l'envie de recommencer à coups de fouet, les anciens semblaient présumer que quelques prières silencieuses suffiraient à effacer l'ardoise !

Puis un jour, sans crier gare, l'Afrique est revenue dans ma vie, le plus naturellement du monde. Ce fut un peu comme si elle avait toujours été là, près de moi : son odeur, ses couleurs, ses chants, le sourire de ses enfants… Mais aussi avec elle, une foi en Christ comme je ne l'avais jamais rencontrée en Suisse ; une foi bien vivante, qui venait à la rencontre de la mienne, de mon vécu. Une croyance qui ne restait pas sagement assise sur un banc d'église à critiquer la garde-robe de ses voisins.

Car la pauvreté, parfois la misère, les maladies et le manque de médicaments, la guerre et le viol, puis l'arrachement à leur terre natale, leur famille, leur clan, le racisme et ses préjugés donnent aux hommes une foi aux dimensions bien différentes de celle que je voyais depuis mon adolescence. Elle recèle une réalité qui pouvait enfin toucher la mienne ; leurs mots, leurs prières expriment ce que cachaient mes silences !

Mais comment suis-je arrivée jusqu'au parvis d'une église africaine ? Deux choses peuvent expliquer cela :

— Mon divorce conclu, les premières influences positives de mon enfance sont revenues dans ma vie. En quelque sorte, j'ai pu retrouver mes racines… mon ours en peluche, certes, mais aussi le souvenir inconscient de Manuel, l'Africain. Son odeur surtout, qui s'était inscrite pour l'éternité dans mon système cognitif.

— Puis une amie d'enfance, revenue parcourir un bout de vie à mes côtés, avait épousé un Brésilien. Ensemble, ils fréquentaient une église méthodiste fondée sur les principes de John Wesley. Cette église était faite de trois communautés : alémanique, lusophone et franco-africaine. Dès lors, j'ai commencé à suivre leur culte du vendredi soir, dont les prédications, traduites en français, étaient données par un pasteur brésilien à la retraite. Je compris bien vite qu'en dehors de la langue, nous parlions le même dialecte de foi.

Eux venaient d'un pays où seule la foi sauve les plus démunis. Quant à moi, pour la première fois de ma vie, je ne me sentais plus la seule chrétienne non – conformiste dans mon propre pays.

Et c'est ainsi que, tandis que ma mère invitait tous les dimanches mon ex-mari chez elle, j'ai commencé à m'occuper un peu des enfants qui auraient pu être les petits-fils de Manuel, et qui couraient dans l'église pendant les cultes. J'ai donné des cours d'auto-école à leur pasteur et nous finissions chaque leçon par un repas savamment concocté par son épouse.

En moins de temps qu'il ne faut pour le dire, il n'y eut plus de différence entre eux et moi ailleurs que sur les photos. Pendant dix ans, je les ai entendus prier, déplaçant des montagnes par leur foi. Une de leurs nombreuses supplications s'avérait particulièrement pertinente à mes yeux :

— *Seigneur, fais que je ne sois ni trop riche, ni trop pauvre ! Afin que je sois toujours dépendant de toi sans être tenté, sans pour autant devenir voleur ou tricheur pour survenir à mes besoins.*[50] *Que je ne sois pas agressif, frustré, aigri et pénible pour les autres, à cause d'une vie trop fatigante pour moi. Mais que j'aie en moi suffisamment de joie, d'amour, de tendresse, de générosité et de repos, afin de pouvoir les distribuer autour de moi, selon ta volonté.*

Tiens, c'est bizarre ! Ne serait-ce pas l'argent qu'il faut distribuer plutôt que l'amour, la joie, la tendresse, la générosité et le repos ?

[50]. Prière inspirée d'Agur, au Chapitre 30 : 7-9 du livre des Proverbes.

Comme si ces actes pouvaient avoir plus de valeur que tout l'or du monde ! Est-ce plausible ?

Eh oui... en dehors du monde occidental ! Par malheur, ne faisant pas partie de mon héritage culturel, cette prière, quoique riche de sens, s'est systématiquement dissimulée dans mon sac à oublis ; je ne l'ai donc pas souvent mise en pratique, bien que je sois convaincue de son intelligence.

Avec ces chrétiens-là, j'ai appris qu'être quelqu'un selon Dieu, c'est bien autre chose que ce que la société m'enseignait.

Dès l'invention du cinéma, les films ont fabriqué des supers héros aux succès populaires. Puis au fur et à mesure que les chaises autour des tables familiales se sont vidées, des inconnus nous ont enseigné à être comme ces guerriers de papier. Et alors qu'il n'y avait plus personne pour jouer avec nous, pour nous donner le sentiment d'être importants, on nous a expliqué que nous devions combler nos besoins par le matériel. Et le *« Moi »* est devenu plus important que le *« Nous »* !

Ces personnages de films et de romans nous enseignent à être braves, résistants au-delà des limites humaines, mais parfois aussi cruels et sans pitié. Ce que sont devenus une partie de nos managers, banquiers, directeurs, chefs de personnel. Et tant pis pour les plus faibles, tous ceux qui souffrent dans leur âme à cause de la dureté ambiante : il n'y a plus de place pour eux dans notre société de vainqueurs !

Il nous faut cependant bien reconnaître que cette éducation n'est pas très efficace, puisque nous angoissons ! Alors, nous courons chez un psy pour soigner notre ego et toutes nos faiblesses internes, lesquelles cachent parfois de vraies souffrances, provoquées par une idéologie culturelle qui s'éloigne de plus en plus de nos besoins fondamentaux. Du coup, nous nous retrouvons avec un nombre incroyable de guérisseurs et une dépendance sociétale à leurs recettes plus ou moins discutables !

Dans ma randonnée de vie, j'ai rencontré beaucoup de ces braves, généreux et remplis de missions diverses, toujours basées sur de bonnes intentions. Dans leurs mots se trouvent des recettes simples, passant par des régimes alimentaires pour finir par des recettes spirituelles. Pourtant, si tous les êtres humains ont des souvenirs à soigner, si les égratignures font réellement mal, ces méthodes forment rarement des sillons dans l'âme et rien n'y germe !

Et si je parle de ces guérisseurs, c'est que j'ai aussi enduré leur bonne volonté. C'est logique, je ne rentre pas dans leur vision du monde, dans les modèles habituels qu'ils conçoivent comme convenables pour entrer dans une église et venir s'asseoir auprès d'eux.

Devant l'amabilité de ces saints, mes paroles paraissent parfois tellement dures et répétitives que j'ai envie de me cacher. Mais il est aussi important que ces personnes sachent que tous les grands traumatisés, qui n'ont pas été cassés par leurs souffrances, ont acquis une science de survie bien plus développée que la leur. Je le sais : comme moi, ils ne sont pas coupables. Notre compréhension de l'existence se limite à notre savoir et à nos visions. Et notre vue se limite à notre propre fenêtre de vie. Tout ce qui sort de ce cadre reste inconnu, donc incompréhensible pour chacun d'entre nous. Moi, par exemple, j'ignore l'amour que peut transmettre un papa. Et je ne sais pas demander…

En revanche, j'ai compris depuis longtemps que je suis différente. Et qu'il m'est impossible de m'aligner à côté d'une personne qui a grandi dans une atmosphère saine où *« tout le monde il est beau, il est gentil »*. Me vient alors une pensée nouvelle, étonnante, décapante presque : mon courage ! Celui que je dois empoigner afin d'entrer dans une église traditionnelle, dans la maison de Dieu, pour affronter tous ses occupants qui parlent un autre langage de vie que moi. Devant eux, je me sens comme une louve égarée qui pénètre dans une maison remplie de chiens domestiqués et bien dressés.

J'ignore si ce texte sera lu un jour. Mais c'est impressionnant d'écrire cela. En particulier lorsque l'on sait que beaucoup de chrétiens seront incapables de l'appréhender. Pourtant, ce qui m'attriste, c'est de savoir qu'il y a tellement de personnes qui n'entrent plus dans une église à cause de ces mêmes sentiments, à cause du décalage qu'ils ressentent au fond d'eux-mêmes, à cause des blessures qui font mal et du jugement de ceux qui ne comprennent pas.

Malheureusement, il y a pire encore : il est très désagréable de se retrouver confronté à ces belles personnes, si heureuses d'avoir une âme à sauver, de pouvoir accomplir une action pleine de charité en vous accueillant, qu'elles en deviennent envahissantes ! Je connais de bons Suisses, des familles entièrement dévouées à Dieu, fières d'accueillir des requérants d'asile dans leurs rangs… Et en particulier des noirs ! Tiens, pourquoi eux ? Parce qu'ils sont visibles dans les rangs, je suppose ? Ou parce que les Européens portent encore en eux des réminiscences d'un temps où ils se sentaient colonisateurs ? Dans tous les cas, hélas, je ne fabule pas ; j'ai réellement entendu prononcer avec fierté :

— *Nous avons aussi des Noirs qui viennent dans notre église !*

Suis-je la seule à entendre la fausse note ? Ils parlent, mais sont-ils capables de quitter leur famille, leur sécurité pour venir s'asseoir à côté de ces étrangers ? Et moi, en tant qu'humain différent, je ne souhaite pas que l'on soit fier de ce que je fréquente une église ! Alors je suppose que c'est pareil pour eux. D'autant plus qu'une couleur de peau n'est pas une blessure ! Non, je veux juste être proche de Dieu, du Christ et du Saint-Esprit. Car avant toute chose, j'ai besoin de leur amour à tous les trois, de leur présence dans ma vie. Bien sûr, après cela, je peux avoir envie de rencontrer des frères et sœurs en Christ… mais pas des personnes qui se jugent dignes d'avoir des étrangers dans leurs rangs !

D'ailleurs, de quoi voudraient-ils me sauver ? Du diable ? Je connais ! Le chemin qui mène au parvis a été tellement plus long, tellement plus abrupt et recouvert de cailloux pour nous, une personne comme moi ou un réfugié comme mon mari, que pour eux. Et ces Suisses, quels sont leurs mérites ? Beaucoup d'entre eux ont eu chaud toute leur vie ! Ils ont profité des bénédictions de Dieu le Père tout le temps qu'ils étaient auprès de lui… ! Quel voyage, quel chemin menant à la croix veulent-ils nous enseigner ?

En vérité je n'ai pas envie, et si je l'avais, je n'aurais même pas la force, de ressembler à un modèle convenable pour le troupeau. Car je n'ai besoin ni de leur pitié ni de leur charité. Me sentir leur égale, en toute simplicité, serait déjà un bon commencement pour retrouver un peu de dignité, pour ne plus me sentir coupable devant les hommes d'avoir dû marcher sur un chemin recouvert de cailloux. Entrer dans une église en se sentant jugé pour son hypersensibilité et ses cicatrices : voilà une histoire à méditer, qui pourrait rejoindre celle de beaucoup d'âmes !

Cela doit être tellement facile de trouver les portes du paradis, lorsque l'on a grandi dans l'amour, le respect de soi et des autres. Tellement facile aussi, pour des fils ayant perdu leur mère à cause de l'alcool, de trouver le chemin de l'enfer éternel. Comment peut-on imaginer le monstre qui broie leurs tripes en les poussant de l'autre côté de la barrière ? Pourtant, qui n'a pas de difficultés pour poser des mots à ses maux, n'est-ce pas ?

Mais lorsque ton silence est souhaité par les abuseurs, il est difficile de parler. Lorsque les gens bien font de même pour ne pas être dérangés, ce silence devient une protection. Tout cela tourne dans ma tête, sans fin, arrachant mes larmes au passage, comme des cris amorphes. Mais ne nous trompons pas, même si ces souffrances font parfois de nous des étrangers sur cette terre, cela ne signifie pas que nous passerons l'éternité à souffrir !

Et si MA foi en Christ est seule à pouvoir me sauver et que c'est pareil pour chacun d'entre nous, car je n'ai jamais eu l'intention de ne penser qu'à moi, de ne parler que de moi, je sais, toutefois, que je n'ai plus à me sentir fautive pour ne pas avoir pu ou su relancer tous les dés afin de changer la donne pour nous tous.

— *Demandez à Dieu de faire du bien à ceux qui vous persécutent : oui, demandez du bien pour eux, ne demandez pas du mal ! Partagez la joie de ceux qui sont dans la joie, les larmes de ceux qui pleurent. Ayez les uns pour les autres une égale considération, sans viser à ce qui est trop haut : laissez-vous au contraire attirer par ce qui est humble. Ne vous prenez pas pour des sages*[51].

Et entendons bien : si le Christ et ses apôtres ont souffert de la dureté habitant le cœur de leurs compatriotes, ils n'ont pas vécu toutes ces horreurs pour nous dire :

— *Maintenant, souffrez à votre tour !*

Bien au contraire ! Leur message est :

— *Maintenant, apprenez à vous aimer les uns les autres comme Dieu vous a aimé. Apprenez à aimer, à lutter contre la haine qui habite le cœur des hommes... en commençant par le vôtre !*

Alors qu'ils étaient innocents et purs, tels des enfants en bas âge, leur condamnation est bien la preuve que le cœur des hommes a toujours eu besoin de guérison.

... De la même manière que nous avons besoin des autres pour nous réchauffer. Et là, je sais de quoi je parle !

[51]. *Romain 12 :14 à 16*

Ma prière

Seigneur, toi qui vient du ciel, dis-moi :
Comment croire à la douceur du soleil ?
Les hommes ont souillé tant de mes jours,
Alors, comment m'abandonner à la douceur du velours
Et reconnaître les saveurs de l'amour
En déposant mon cœur contre une épaule amie ?
Satan m'a dépouillée de tant de rires, tant de Vie !
Puis-je recevoir, moi aussi, l'espoir d'un beau jour,
Dans tes promesses de paix, d'espérance et d'amour ?

Les sentiers de mon enfance ont été si sombres, si froids,
Innocente ou désobéissante, je me suis perdue tant de fois.
Alors, comment trouver la confiance jamais reçue,
Pour croire à tes bénédictions, sans aucune retenue ?
Comment puis-je hurler mes silences aux nues ?
Ceux qui cachent dans un gouffre toutes mes peines vécues !

Dois-je abandonner devant tes pieds,
mon sabre et mon bouclier ?
Je me suis battue tant de fois pour ne pas plier.

Vaillante sur ces routes recouvertes de pavés,
J'ai marché, dans la cruauté de notre humanité,
Me cachant, loin de mes semblables pour pleurer.
Mais dans ces chemins de cailloux, mes forces diminuent.

Pendant que les reflets de mon passé se remuent,
Souillant mon présent de couleurs malvenues.
Seigneur, regarde par là et réponds-moi :
Comment puis-je avancer vers toi,
Confier ma vie entre tes mains,
Sans craindre de me tromper encore de chemin ?

Aide-moi à retrouver l'innocence d'un nouveau-né
Qui, par ses pères, se sait exister et protégé.
Puis à croire à la sincérité de mes amitiés.
Aide-moi à déposer ma vie entière entre tes mains,
Pour que mon âme puisse se reposer contre ton sein.
Car sans ma main dans la tienne sur ce chemin,
Jamais je n'arriverai à ouvrir cette bouteille de bon vin !

Dominique De Luca

Postface

En vérité, j'ai connu le bonheur. Ce sentiment d'être importante pour Dieu, mon entourage et la vie en général ! Les photos en noir et blanc d'avant mes opérations sont là pour le prouver : c'était avant que des adultes m'aient charcutée pendant des années, sans aucun état d'âme.

Comment ont-ils pu commettre de tels actes ? Quelle logique les a poussés à me mutiler de la sorte, à me dépecer comme un animal de boucherie ? Sans concevoir que cela allait détruire une partie de ma vie de femme en me plongeant dans une sensibilité maladive ?

Y a-t-il une limite à la vilenie humaine ? Je pense que non ! L'histoire de l'humanité, ses indifférences autant que ses souffrances nous le prouvent chaque jour. Dans la plupart des existences, il y a une injustice, voire une cruauté cachée quelque part. Mais toutes ne sont pas marquées au fer rouge…

Toutes ces histoires ne sont-elles finalement que de mauvais rêves ? Malheureusement non, et aujourd'hui encore je regarde mes traumatismes manipuler ma vie. Alors l'Éternel, ce Dieu d'amour qui chérit tous les enfants du monde, existe-t-il vraiment ? Ma souffrance vient-elle de lui ou des hommes ? Encore faut-il le reconnaître, ne pas l'inventer de toutes parts, à notre guise !

Et c'est justement parce que je l'ai cherché pendant tant d'années, parce que j'ai levé le poing contre lui en lui criant :

— P*rouve-moi que tu existes, puisque tu dis que tu es celui qui est !*

Que je peux répondre aujourd'hui, m'étonnant moi-même :

— *Oui, il existe ! Je le sens près de moi lorsqu'il me console, mais tout particulièrement lorsqu'il me guide, lorsqu'une pensée loin de tout ce que la vie m'a enseigné, une pensée d'amour, constructive pour mon prochain ou pour moi-même, traverse mon esprit, puis ma bouche. Là, je me sens comme une messagère pour le Saint-Esprit. Comme les fois où il me freine dans certains de mes élans, tellement proches de mon humanité.*

Oui, c'est ainsi, Jésus parle d'amour et non de haine. C'est là que nous pouvons le reconnaître en nous, pour nous et pour les autres autour de nous. Malgré notre condition d'êtres humains pécheurs, il désire nous réconcilier avec lui, mais aussi dans nos familles. Car son but n'est pas d'éloigner ses enfants les uns des autres. Le fils de Dieu est un consolateur, un guérisseur d'âme qu'il faut savoir accueillir comme un époux, doux et humble de cœur, mais capable de prendre autorité sur les démons qui cherchent à nous anéantir. Nous devons lui tendre les bras, car nous sommes son Église, c'est-à-dire l'épouse aimante qu'il a choisi d'avoir, pour témoigner de sa présence dans ce monde.

Sans sa présence dans ma vie, où serais-je aujourd'hui ? Finalement, ce n'est pas important de le savoir, car je suis en vie. Et même si j'ai connu de nombreux matins tristes et de trop longues, trop sombres journées d'hiver, je n'écrirai pas la suite d'un *« hiver selon Cabrel »*[52]. Je dirai seulement :

[52] Chanson de Francis Cabrel, C'était l'hiver © Marouani Éditions, qui commence ainsi : *Elle disait : « J'ai déjà trop marché... » ...*

— Méfiez-vous de ceux qui savent et ont le culot d'émettre un jugement sur vous et votre destinée, sur votre manière d'être aujourd'hui, sur le masque que vous portez ou avez décidé d'enlever, sur vos silences ou vos cris de souffrance. Eux, ils ont parfois pleuré, car ils s'étaient égratigné les genoux, ou parce qu'ils avaient, une fois dans leur vie, reçu une gifle en pleine figure. Certains même s'enlèvent ou souhaitent s'enlever la vie. Leur souffrance est sincère et il ne faut pas les mépriser, loin de là. Car ils n'ont pas appris à se battre contre des colosses. Ils ne connaissent pas les méthodes de combat ni la profondeur de foi qui m'ont été nécessaires, qui vous seront nécessaires pour survivre, pour poursuivre votre chemin sur cette terre, envers et contre tout.

Comment guérir de cette blessure ? Je n'ai jamais trouvé la réponse. Juste un peu de consolation dans certains versets de la Bible. Car le mari qui aurait pu m'aider à guérir, m'apporter le goût du bonheur partagé, n'existait que dans mes rêves. L'envie d'avoir envie d'exister à travers lui, son odeur, mais aussi ses caresses et la chaleur de son corps et surtout de sa protection n'étaient pas en option pour moi. Et comment aurais-je pu le trouver ? J'aurais pu devenir prostituée, nonne, missionnaire ou amazone, même esclave, mais jamais princesse chérie et protégée. Car pour ce faire, il faut y croire, pour de vrai, pas juste dans ses rêves !

Je hurle derrière ma plume, car je le sais : que l'on soit homme ou femme, baisers et caresses existent pour nous donner le sentiment d'être vivants. Même les grands singes et la plupart des animaux le savent : leurs privations sont l'une des plus grandes souffrances vécues par tous les mammifères de cette planète.

Je hurle, mais j'arrive encore à relever la tête. Car je sais que je ne serais jamais devenue alcoolique, droguée ou prostituée. Pourquoi pas ? Parce que notre pouvoir de résilience est à 40 % héréditaire et ce sont assurément les raisons pour lesquelles je n'ai pas pris la mauvaise direction.

Mon géniteur était un spécialiste de la haute montagne. Quoi de mieux que le Cervin pour vous apprendre à lutter ? Ma maman et toutes les femmes de sa famille étaient des exemples de courage et de volonté pour moi.

Le reste dépend de notre apprentissage de vie, de notre caractère personnel et des rencontres faites çà et là au hasard des chemins. Et je suis consciente que si j'ai su être amazone ou missionnaire à certains moments de ma vie, j'ai avant tout eu des modèles devant moi. Des âmes croisées au hasard des chemins, qui savaient se battre, malgré et contre tout.

Mais l'exemple qui surpasse tous les autres est évidemment celui de ma propre mère : lorsque celle-ci se remaria avec un père de famille nombreuse et resta à subir les humeurs colériques de son époux, pour sauver des enfants qu'elle n'avait pas mis au monde !

Quant aux rencontres qui ont jalonné mon excursion de vie, comment oublier Catarina qui, à travers le Budo pourtant si loin du christianisme, m'enseigna qu'une femme n'est pas forcément une victime ?

Et comment pourrais-je oublier ce couple de pasteurs congolais, ainsi que tous les membres de l'église méthodiste de Bienne qui m'accompagnèrent pendant dix longues années, ouvrant mon horizon à un monde tellement plus riche que le mien ?

Pas plus que cet homme, croisé au hasard d'un déménagement, il saura se reconnaître, qui prit le temps de lire mes messages de désespoir, lorsqu'aucun mot ne pouvait sortir de ma bouche et que l'écriture devint ma seule bouée de secours. Un geste de générosité qui me sauva assurément la vie à plusieurs reprises.

Mais avant tout, il y a ceux qui, dans leur humilité, furent capables d'un amour tendre pour moi, malgré une vie difficile. Je pense tout particulièrement à ma grand-mère et à ses sœurs : des anges que j'ai connus trop peu longtemps, malheureusement ! Mais leurs bonnes graines étaient semées. Sans le savoir, toutes m'ont enseigné ce qu'elles portaient de bon au fond d'elles-mêmes.

Quant au second mari de ma mère, je peux simplement dire merci. Merci qu'il n'ait tué aucun des six enfants de la famille ! Et là, je me pose à nouveau une question :

— *La vie est-elle si dure pour les gens nés sans handicap, pour qu'ils deviennent ainsi ? Ou sont-ils si orgueilleux que le sang et les larmes de leurs victimes leur apportent des vitamines de vie ?*

Pour ma part, j'ai le sentiment que la méchanceté remplace l'amour et la bienveillance pour lesquels nous sommes nés, chaque fois que l'arrogance souille l'humilité que Dieu nous ordonne d'exprimer devant la vie. Cette équation est valable pour chacun de nous !

Mais s'il est vrai que nos chemins sont parfois recouverts de cailloux, de solitude et de courant d'air inattendus, nous pouvons toujours suivre le chemin inverse, en nous laissant inspirer par cette philosophie de Marc Aurèle :

> *En te levant le matin, rappelle-toi combien précieux est le privilège de vivre, de respirer, d'être heureux.*[53]

[53] Marc Aurèle – *Pensées.*

Imprimé en Allemagne
Achevé d'imprimer en octobre 2023
Dépôt légal : octobre 2023

Pour

Le Lys Bleu Éditions
40, rue du Louvre
75001 Paris

www.ingramcontent.com/pod-product-compliance
Lightning Source LLC
Chambersburg PA
CBHW071417020826
49168CB00047B/219